BONAPARTE.

I.^r Consul.

CAMPAGNE

DE

BONAPARTE

EN ITALIE,

EN L'AN VIII DE LA RÉPUBLIQUE;

RÉDIGÉE SUR LES MÉMOIRES D'UN OFFICIER DE L'ÉTAT-MAJOR DE L'ARMÉE DE RÉSERVE,

PAR LE CITOYEN FOUDRAS.

DÉDIÉE AU PREMIER CONSUL,

AVEC LE PORTRAIT DU HÉROS.

Transivit et ecce non erant.

AN VIII.

SE TROUVE, A PARIS:

A l'Imprimerie des Instructions Décadaires,
rue du Mail, nº. 43.

Et chez tous les Marchands de Nouveautés.

A BONAPARTE.

O TOI dont le génie profond et le courage sublime ont porté le nom Français au plus haut degré de gloire où il pouvait prétendre , daigne accueillir ce faible hommage d'un Livre qui te doit tout entier son existence et sa publicité !

Il n'existe plus , ce fastueux usage des Peuples reconnaissans de l'ancienne Rome, qui décernait aux héros , les honneurs d'une pompe triomphale. Ton cœur modeste n'ambitionne pas ce faux éclat de grandeur et de gloire ; mais la renommée attentive à publier tes exploits , te proclame déjà par tout l'Univers, SAVANT DISTINGUÉ , CITOYEN VERTUEUX , MAGISTRAT INTÈGRE et GUERRIER MAGNANIME.

AVERTISSEMENT

DE L'ÉDITEUR.

LES 28 et 30 prairial dernier, le citoyen S....***, officier attaché à l'état-major de l'armée de réserve, m'écrivait de Milan, ce qui suit :

" . . . . Un vif désir de
" suivre en l'an 6, le général Bonaparte, dans
" son expédition d'Egypte, me fit entreprendre
" le voyage de Toulon ; mon arrivée dans cette
" ville devança la sienne de quelques jours.
" J'avais pris tous les arrangemens nécessaires
" pour m'embarquer sur la grande flotte, lors-
" qu'une maladie sérieuse me força de renoncer
" à mon projet. Ce ne fut pas sans regret que
" je me déterminais à reprendre la route de
" Paris. Personne, plus que moi, ne s'intéres-
" sait au succès des armes de ce héros ; chaque
" jour je lisais les feuilles politiques avec une

» avide curiosité. Je suivais de l'œil, sur la
» carte, tous les mouvemens, toutes les opé-
» rations de l'illustre armée d'Orient. Il me
» semblait la voir conquérir en un jour, Malthe,
» ses forts et son île, s'emparer de la fertile
» contrée d'Egypte, et poursuivre les Turcs et
» les Mamelucs jusqu'au fonds de la Syrie et
» au-delà des Cataractes et du désert.

» Bonaparte, de retour en France, devenu
» premier magistrat de la république, jouissant,
» à juste titre, de toute la confiance de la Na-
» tion, allait bientôt voler à de nouveaux
» exploits. Je servais alors à l'armée du Rhin,
» en qualité de capitaine-adjoint à l'état-major.
» Une légère blessure que j'avais reçue à l'affaire
» de Biberach, où j'eus un cheval tué sous
» moi, me retînt quelque-tems à Colmar. Je
» demande au mois de ventôse dernier, la per-
» mission de me rendre à Paris, où je sollicite
» et j'obtiens l'honneur de m'associer aux tra-
» vaux de l'armée de réserve et de partir avec
» elle.

» Mon premier but était rempli : j'étais avec
» le premier Consul, je le voyais chaque jour ;
» je reçus même de sa bouche quelques ordres

» que j'exécutai avec l'empressement que l'on
» peut concevoir. J'aurais donné mille vies pour
» le sauver du moindre danger , et le conserver
» à l'armée dont il était la gloire et le soutien....
» Je vis un moment où l'occasion de signaler
» mon zèle et mon dévouement pour ce héros ,
» allait arriver : sûr de pouvoir lui rendre quel-
» que important service , je m'énorgueillissais
» déjà de verser bientôt jusqu'à la dernière
» goutte de mon sang , pour contribuer à sauver
» ses jours et sa liberté menacés. »

Voici le fait :

« Le 27 floréal , l'avant-garde de l'armée de
» réserve , aux ordres du général Lannes , s'étant
» emparée d'Aost et de Châtillon , poursuivait
» vivement l'ennemi jusqu'au fort de Bard.
» Bonaparte , accompagné de ses aides-de-
» camp , de son état-major et de son escorte ,
» descendait le St.-Bernard , près Étroubles , et
» reconnaissait une position dans les montagnes
» du Val de Sézia , par où devait passer l'ar-
» tillerie. Tout-à-coup, en dépassant une roche
» qui se trouvait sur le chemin et qui bornait la
» vue , quatre de ses guides qui le précédaient ,
» viennent l'instruire qu'une troupe autri-
» chienne d'une cinquantaine d'hommes s'avan-

» çait de son côté, et que par conséquent, il
» courait quelque danger. Bonaparte, que la
» présence d'esprit n'abandonne jamais, et ne
» pouvant concevoir, d'ailleurs, comment des
» soldats ennemis pouvaient se rencontrer dans
» ce lieu, ordonne à ses guides de se porter en
» avant pour faire une seconde reconnaissance.
» Ils reconnurent facilement à la buffle blanche,
» à la casquette et aux fusils, que c'étaient des
» autrichiens; mais ils apperçurent, en même-
» tems, parmi eux, l'uniforme français, et
» l'escorte des prisonniers, qui ne consistait, à
» la vérité, que dans quatre hommes et un sous-
» officier. L'officier autrichien (1) qui les com-
» mandait, ayant été amené devant Bona-
» parte, apprit qu'ayant été envoyé par son
» chef en reconnaissance, dans la vallée d'Aost,

_____

(1) Cet officier est maintenant à Paris; il est natif
de Courtray, et se nomme *Palfy*. Dernièrement, à
l'opéra, il trouva dans sa poche, une bourse qui contenait cinq louis, et un billet anonyme qui lui en
promettait davantage. Il avoue n'avoir pas connu
Bonaparte, lorsqu'il le rencontra dans la vallée d'Aost,
et paraît pénétré de la plus vive reconnaissance pour
tous les bienfaits qu'il en a reçus. (*Note de l'Edi-
teur.*)

» il fut pris par un corps de troupes françaises,
» dans les environs de Brisson; et comme on
» n'avait aucun moyen d'envoyer au quartier-
» général les fusils des prisonniers, ses soldats
» s'offrirent eux-mêmes de les y porter, sous
» la conduite de quatre hommes et d'un sous-
» officier seulement. . . . .
» . . . .

» . . . . Je restais un jour entier
» à Aost, où je m'occupais, pour mon propre
» plaisir, de tracer des descriptions pittoresques
» et détaillées sur le chemin qu'avait tenu l'armée
» depuis son départ de Dijon, jusqu'au passage
» de Saint-Bernard. Satisfait de ce premier tra-
» vail, je résolus d'orner mes mémoires de
» semblables descriptions, et de continuer mon
» récit jusqu'à la fin de la campagne, mais la
» rapidité de la marche de l'armée, ne me l'a pas
» permis, et j'ai dû me borner à rendre compte
» des opérations militaires. . . . . »

J'ai cru servir le public et un brave officier,
en publiant l'histoire de cette campagne, la plus
étonnante et la plus glorieuse qui ait signalé la
guerre de la révolution. Mon mérite, en cela,
est d'avoir rédigé et mis en ordre, des notes

nombreuses, qui ne pouvaient présenter d'in-
térêt à la lecture, qu'autant qu'elles seraient
classées et analysées, de manière à former une
histoire suivie.

INTRODUCTION.

C'ÉTAIT en l'an 7, 1799 (v. s.), la république périssait, sa décadence et sa chûte paraissaient presque certaines ; l'espoir et la volonté de la soutenir existaient bien encore, mais tous les efforts eussent été vains, si la main d'un grand homme, d'un homme extraordinaire, n'eût sondé toutes les plaies, n'eût remédié à tous les maux, n'eût opposé une digue de sagesse et de modération au torrent fougueux et dévastateur qui menaçait de tout engloutir. Cet homme, ce héros, était alors occupé en Égypte à combattre avec vingt mille braves Français, des troupes innombrables que commandaient les meilleurs généraux de l'Empire Ottoman ; il venait de vaincre à Aboukir, sa victoire en présageait d'autres nécessaires, plus consi-

dérables encore; nul ne pensait à son retour,
lorsqu'il apparut à Fréjus (1), monté sur
un léger bâtiment, semblable à la barque
qui portait César et sa fortune. En ce
moment, Masséna, comme excité par un
heureux pressentiment, exterminait les
bandes Russes et Autrichiennes en Suisse,
un rayon d'espoir luisait à peine quand
BONAPARTE fit retentir toute la France
de bruit de son arrivée, et rendit à tous l'espérance et la joie. O fortuné moment ! O
jour à jamais mémorable ! Chacun oubliait
le passé pour ne songer qu'à l'avenir ; tous
les cœurs, tous les bras se donnaient à
BONAPARTE. A ce généreux dévouement, aux
vœux fortement exprimés de le voir bientôt
à la tête du gouvernement ; BONAPARTE, ne
consultant que son amour pour la Patrie, en
accepte les rênes ; une constitution nouvelle,
assise sur des bases sages et modérées,
fut proclamée et bientôt acceptée. La liste
des émigrés fut fermée, la Vendée se paci-
fia, l'esprit public se manifesta de nouveau,
les factions s'éteignirent ; pour mettre le

_____

(1) Petit port à jamais célèbre de la Méditerranée.

comble à notre félicité, il manquait encore la paix ; elle fut offerte généreusement ; mais les coalisés, loin d'accepter des propositions justes, raisonnables, se liguèrent de nouveau, répondirent en termes peu mésurés au gouvernement Français, et n'épargnèrent rien pour combattre avec succès la campagne prochaine, et parvenir enfin au but tant désiré : le rétablissement de la royauté en France, et la punition de tous les Républicains. Il était réservé au grand homme de les frustrer dans leurs espérances, et de les faire repentir de l'audace et de la témérité des uns, et de la perfidie et de la mauvaise foi des autres ; le Czar de Russie, seul, sembla ouvrir les yeux sur cette funeste guerre, il se détacha à tems de la coalition, et fit regagner à ses troupes diminuées de moitié, les régions glacées du Nord.

Il restait pour ennemis à la France républicaine, l'Angleterre, l'empire d'Allemagne, la maison d'Autriche, et le contingent de la Suède. Tout les moyens sont employés par les puissances de ces différentes Nations, pour rendre cette campagne décisive et la faire tourner à leur profit; l'Autriche fournissait des hommes et l'Angleterre de l'or, fruit de ses rapines et de ses pirateries.

Les premières opérations de la campagne, furent marquées par des succès éclatans, à l'armée du Rhin, que commande le général Moreau; une partie de la Souabe et de la Bavière fut conquise, et l'on fit à l'ennemi, plus de vingt mille prisonniers. L'armée d'Italie, sous les ordres de Masséna, n'était point aussi heureuse; obligée de lutter contre des forces infiniment supérieures, elle se vit contrainte de s'enfermer dans Gênes, après avoir fait à l'ennemi un grand nombre de prisonniers; mais une aîle de cette armée, sous la conduite du général Suchet, se détacha du corps principal, et défendit le terrain jusqu'aux frontières de France, avec une opiniâtreté qui tenait de l'héroïsme.

C'est dans cet état de choses, que Bonaparte appelant auprès de lui le ministre de la guerre, Berthier, que remplaça si dignement Carnot, conçut ce vaste plan, qui étonnera long-tems l'Europe et la postérité. Par ses ordres, et dans un très-court espace de tems, une armée nombreuse se rassembla à Dijon; des généraux distingués s'y rendirent de toutes parts; lui-même, après avoir tout organisé, tout recréé dans l'intérieur, partit pour cette ville, en laissant tout le monde, dans la plus vive impatience sur la réusite des projets grands, mais inconnus qu'on lui supposait. C'est de ce point que nous partirons pour le commencement de cette Histoire; nous suivrons les mouvemens de l'armée de réserve, pas à pas, depuis le départ de Genève jusqu'à l'entière conquéte de l'Italie, et le retour de BONAPARTE à Paris; nous sèmerons notre récit d'épisodes intéressans et ignorés; les détails des opérations militaires, nous seront fournis par les rapports officiels, ou particuliers, mais authentiques; nous tracerons la route qu'ont parcourus les différens corps de l'armée, à la manière des voyageurs qui observent avec attention les merveilles de l'art et de la nature; nous ferons connaître sur-tout ce passage tant vanté du Mont Saint-Bernard, passage qui ne le cède pas

même à celui si fameux des Alpes, par
Annibal. Nous tâcherons, enfin, d'être
aussi clair et méthodique que nous le
permettront l'étendue et l'importance du
sujet que nous allons traiter.

CAMPAGNE DE BONAPARTE EN ITALIE.

FORMATION D'UNE ARMÉE DE RÉSERVE A DIJON.

LE 16 ventôse an 8 , les consuls de la république ordonnèrent la formation d'une armée de réserve à Dijon. Un appel fut fait à 30,000 conscrits pour se rassembler dans cette ville ; beaucoup de corps venus de la Vendée pacifiée , furent passés en revue par le premier consul , dans la plaine du Champ-de-Mars , à Paris. Des compagnies de volontaires , à pied et à cheval , s'organisèrent dans toute la république ; on accéléra le paiement des contributions , on releva l'esprit public si long-tems abattu. Tout se préparait pour une campagne terrible , mais décisive, qui devait enfin procurer la paix à l'Europe.

Cette armée évaluée à 50,000 combattans, sous les ordres du général en chef, *Berthier*, brûlait d'une vive ardeur ; elle se mit en marche par diverses colonnes ; de Dijon sur Genève, où elle reçut l'ordre d'attendre le premier consul. Le 23 prairial, *Bonaparte* en passa en revue l'avant-garde, commandée par le général *Lannes*, et composée de deux divisions ; et le lendemain, l'armée presque entière, animée du plus grand enthousiasme, et en très-bon état, se mit en marche pour le grand Saint-Bernard.

Il est difficile de dépeindre la satisfaction des soldats, de se voir guidés par un pareil chef. Son but n'était plus douteux ; il marchait à la conquête de l'Italie.

SAINT-MAURICE.

Après avoir traversé le pays de Vaud, l'avant-garde entra dans le Bas-Valais par Saint-Maurice. Nos soldats y furent bien reçus par les habitans qui paraissaient très-étonnés de voir tant de troupes rassemblées dans leur ville. Le général Lannes établit son quartier-général dans la maison la plus considérable du lieu, et le reste de l'avant-garde passa la nuit, abrité sous le toît des granges, car les maisons n'auraient pu suffire pour loger un si grand nombre de troupes.

CASCADE DE PISSE-VACHE.

A deux lieues environ de Saint-Maurice, plusieurs officiers de l'état-major, conduits par un guide, allèrent visiter la fameuse cascade de *Pisse-Vache*. C'est une superbe nappe d'eau et un torrent très-considérable qui tombe d'un rocher perpendiculaire, qui a près de six cents pieds de hauteur. Ce qui excita surtout leur admiration, c'est qu'ils jouirent de ce superbe spectacle, au lever du soleil.

En effet, rien n'est plus ravissant; l'eau réduite en vapeurs, formant une espèce d'arc-en-ciel, la fraîcheur du matin, le bruit occasionné par la hauteur de la chûte; les environs agrestes de cette cascade, tout contribue à rendre ce lieu solitaire délicieux.

TORRENT DU TRIENT.

A une demi-lieue plus loin, les troupes passèrent le *Trient* sur un pont de pierre, qu'on avait fait réparer quelques jours auparavant. Le lit de ce torrent est tortueux ; ses bords forment un canal très-étroit. Les soldats s'amusaient beaucoup à faire retentir de leurs voix l'écho des montagnes. Des bergers leur répondaient quelquefois ; mais la plupart, peureux et timides, n'assistaient au passage de l'armée, que grimpés sur des rochers escarpés, où il aurait été impossible de les atteindre.

MONT SAINT-BERNARD.

Toute l'armée passa par Martigny, pour aller au mont du grand Saint-Bernard. Ce mont est situé sur les confins du Vallais et du Piémont, dans cette partie des Alpes qu'on nomme *Pœnines*. Les soldats en entrant dans cette petite ville, étaient dévorés de la plus ardente soif ; les habitans s'empressèrent de l'appaiser, plusieurs même donnèrent du vin qui est assez cher dans ce canton. On compte huit lieues de Martigny à l'hospice ou couvent situé sur le Saint-Bernard. A une demi lieue, on commence à monter insensiblement. Le chemin est beau et peut se faire en voiture, jusqu'au bourg Saint-Pierre, ou *Petersburg*.

La vaste base de ces monts accumulés n'est

qu'un composé des débris des montagnes supérieures ; on rencontre ici des granits roulés,
là, des graviers et des sables ; plus loin, des
pierres calcaires grises. Le chemin de la *Drance*
qu'on passe et repasse plusieurs fois, occupe
tout le fonds de la vallée qui devient fort
étroite.

L'avant-garde s'arrêta quelque tems à Martigny, ce qui me donna le tems d'arriver avec
plusieurs officiers du génie, de mes amis. Nous
étions bien aise de franchir le Saint - Bernard
avec les premières troupes, pour jouir un peu
de la surprise du soldat, qui déjà paraissait
extrême. L'artillerie se rassemblait à force dans
le village, et n'attendait que le général Marmont,
pour monter à son tour. C'était un beau spectacle que la confusion qui régnait à Martigny. Tous les chevaux et mulets des environs avaient été mis en réquisition, et les
paysans arrivaient en foule pour aider le passage et réparer les chemins qui étaient tous
dans le plus mauvais état.

De Martigny nous allâmes à *Saint-Bronchier*,
village situé entre des montagnes très-hautes et
très-escarpées. Les habitans de ce lieu se res-
sentent un peu de l'aspect sauvage du sol qui
les nourrit ; presque toutes les maisons étaient

fermées, aussi les tambours ne daignèrent pas
même faire entendre le son de leurs caisses.
A peine trouvait-on une ou deux auberges
pour prendre quelques provisions que l'on payait
encore fort chèrement. De-là nous trouvâmes
le petit village de Liddes, dans lequel nous ne
fîmes que passer. La Drance est ici fort resserée.
Ce n'est pas sans frémir qu'on s'apperçoit, quand
on est sur deux morceaux de bois , jetés d'une
roche à l'autre, appelés ici *pont*, qu'on a un
gouffre de plus de 3oo pieds au-dessous de
soi. Cependant une grande partie des soldats tra-
versèrent ce pont; quelques autres, la cavalerie
sur-tout , firent un long détour, pour trouver
un passage plus commode qui avait été pratiqué
par les soins du général de génie, *Marescot*.

Le dernier village qu'on rencontre , avant
d'arriver au grand Saint-Bernard, est le bourg
Saint-Pierre, ou *Petersburg* ; on ne peut plus
se servir de voitures pour aller au-delà. Les
montagnes sont plus rapides et il n'y a plus de
chemin fait. On compte trois lieues de ce bourg
à l'hospice. C'est le passage le plus fréquenté pour
communiquer du Bas-Valais en Italie, par la
vallée d'Aost et le Piemont. Le transport des
marchandises ne se fait qu'à dos de mulets ou
de chevaux, et c'est du produit de ces trans-

ports que vivent la plûpart des habitans de ce
mont.

On ne voit sur cette route que des rochers
entassés les uns sur les autres , entre lesquels
on passe par mille détours. Des torrens , des
eaux y roulent et s'y précipitent de tous côtés;
la végétation étant moins vigoureuse , les pro-
ductions de la terre y diminuent insensiblement.
Les derniers qu'on rencontre et qui sont tous
des sapins et des pins, sont à une lieue environ
du bourg Saint-Pierre. Plus loin on ne voit plus
que des buissons et des rabougris. Le dernier
arbrisseau que nous vîmes était un sureau sans
fruit. La neige, dont ce mont est couvert, y
reste permanente toute l'année , en beaucoup
d'endroits; elle est si tassée et si ferme que
l'empreinte des chevaux ne s'y marque pas. Le
premier aspect de ce grand spectacle, est celui
du cahos et de la nature non-vivifiée : on n'y
voit ni plantes ni arbres ; des glaces et des
neiges couvrent toutes les sommités.

Le ciel était pur et sans nuages, lorsque nous
arrivâmes au couvent. Le soleil éclairait cette
solitude. La différence de l'air qu'on respire à
une pareille hauteur, nous a paru à tous très-
sensible; il y est plus raréfié et plus pur, parce
qu'il est moins chargé de vapeurs.

L'aspect de ces énormes montagnes arides, le mélange d'une vive lumière réflechie par la blancheur des neiges, fixaient tous nos regards. Le soldat était dans une stupéfaction que rien ne saurait dépeindre; les plus ignorans, même, ne se lassaient point d'admirer, tant la nature est frappante et belle pour tous les yeux.

Passage de l'Artillerie.

Une partie de l'artillerie de campagne nous avait précédé à l'hospice. Le général Marmont, d'après les ordres du premier consul et du général en chef, fit publier à son de trompe dans le bourg Saint-Pierre et tous les villages environnans, que chaque pièce de canon, avec ses affuts et caissons, serait payée pour son transport sur la montagne et sa descente à *Etroubles*, 600, 800 ou 1000 f., selon le calibre et le poids. A cette annonce une foule de paysans accoururent avec leurs chevaux et mulets. Des milliers de soldats se réunirent à eux, et en moins de deux jours, du bourg Saint-Pierre à l'Hospice et de l'Hospice à Etroubles, vingt pièces de canon y furent transportées. Néanmoins comme les chevaux manquaient, le général Marmont, pour accélérer le passage, se servit de deux moyens fort ingénieux. Le premier, un gros arbre qu'on creusa en forme d'auge, dans laquelle on couchait des pièces de 8, de 12, et des obusiers ; cent hommes, paysans, officiers et soldats s'attelaient à un cable, traînaient la pièce, et mettaient deux jours pour la faire passer le Saint-Bernard. Le second moyen était des traineaux sur roulettes, que le chef de brigade *Gassendi* avait fait construire à Auxonne. Les affuts étoient démontés et portés pièce à pièce par des mulets, excepté les affuts des pièces de 4, que dix hommes portaient sur des brancards. On étoit obligé de décharger les caissons, de les faire passer à vide, en mettant les munitions dans des caisses que portaient des hommes ou des mulets.

La 24e. demi-brigade d'infanterie légère et la 96e. de ligne, ont mis deux jours à effectuer le passage, et ont préféré bivouaquer dans les neiges et en ordre, plutôt que d'abandonner leur artillerie.

Dans les pas les plus difficiles, les troupes s'encourageaient en battant la charge ; spectacle imposant s'il en fut jamais.

Trait de Désintéressement.

Certes, l'obstacle le plus difficile à surmonter, était de faire passer l'artillerie sur le sommet de ces monts. La perspective d'un chemin de plusieurs lieues de long sur dix-huit pouces de large, pratiqué sur des rochers à pic, ces montages de neige qui menacent de se précipiter sur leurs têtes, ces abîmes où le moindre faux pas peut les engloutir, rien n'a pu effrayer les soldats. Ils se pressaient autour des pièces, pour avoir l'honneur de les traîner. Dans ce conflit d'ardeur et de dévouement, divers détachememens de la division du général Loison ; les 19e. et 24e. demi-brigades d'infanterie légère ; les 43e. et 96e. d'infanterie de ligne, se sont particulièrement distinguées. Après des fatigues qu'il est impossible de dépeindre, après des efforts inouis de constance et de courage, on veut donner aux soldats la gratification qui leur avait été promise . . . . . *ils la refusent tous* ! Que ne devait-on pas attendre d'une armée capable de pareils traits de courage et de désintéressement ?

Avalanches (1).

Au passage de l'artillerie de l'avant-garde, une avalanche emporta une pièce de huit et trois canonniers. Cet évènement, sans doute très-malheureux, produisit une foule de contes et d'exagérations qui commençaient à intimider l'armée, et lui fesaient prendre des précautions qui nuisaient beaucoup à la rapidité de la marche. Le général Lannes se fit donner des renseignemens positifs, les communiqua aux soldats, qui, certains qu'il n'y avait d'avéré que l'accident rapporté ci-dessus, continuèrent leur route, comme auparavant.

Hospice du Saint-Bernard.

C'est sur la cime de ce mont, dans ce pays oublié de la nature, que leur amour pour leurs semblables, a réuni des hommes, dont l'hé-

---

(1) Les *avalanches* sont produites par les neiges amoncelées par leur chûte naturelle, ou transportées par les vents, au haut des montagnes rapides. Quand la quantité de neige a augmenté au point qu'elle est comme suspendue sur ces sommets, elle s'écroule avec fracas, tombe et se précipite dans les fonds, en causant les plus grands ravages.

roïsme est aussi pur et aussi noble que la vertu dans laquelle il prend sa source. Séquestrés du reste des humains , en communication seulement avec ceux que le hasard , la curiosité ou l'infortune amène dans leur monastère, ces bons cénobites pratiquent tous les devoirs de la plus sublime humanité.

Arrivés près de l'hospice , un réligieux préposé pour recevoir les officiers principaux, nous prévint par son honnêteté , et s'offrit de nous servir de guide dans des sentiers à lui connus, et qui n'étaient point encombrés de troupes. Chemin faisant il nous apprit que sur l'invitation du premier consul , et d'après une somme considérable que le couvent avait reçue , il s'étoit chargé de distribuer une demi-bouteille de vin à chaque soldat, ou au moins aux plus fatigués. Après trois quarts d'heure d'une marche assez pénible nous apperçumes un petit bâtiment environné de neiges , que nous ne tardâmes pas à reconnaître pour l'hospice. Des tables avaient été placées au dehors; des canonniers s'y rafraîchissaient; on voyait de tous côtés des canons sur leurs traîneaux, et des afuts sur les mulets; jamais , sans doute , ce lieu n'avait été aussi fréquenté. Il y faisait très - froid et quoique enveloppés dans nos manteaux, nous grelottions comme des hommes attaqués de la fièvre. On nous introduit dans un appartement meublé très-simplement ; mais d'une grande propreté. Deux réligieux s'empressèrent de s'asseoir à côté de nous, pour fournir à la conversation et satisfaire notre curiosité.

Chacun d'eux a ses fonctions ; ils reçoivent indistinctement toutes les personnes qui se présentent, les nourrissent et les logent *gratis*. Dans le tems des neiges, c'est-à-dire, pendant neuf mois de l'année, ces hommes intrépides marchent à la découverte des voyageurs égarés dans les neiges ou assaillis par des orages ; ils portent avec eux des provisions pour réconforter ceux qui en ont besoin. De très-gros chiens, habilement dressés, les accompagnaient autrefois, mais la plupart ont péri.

On ne peut s'empêcher d'admirer combien la religion et la vertu peuvent donner de force et de courage ; il suffit, pour en juger, de considérer que le lieu qu'habitent ces religieux est le séjour des vents, des tempêtes, des glaces et des frimats ; que, pendant le tems qu'on appelle *Été*, l'on passe toujours sur la neige pour y arriver ; qu'il y gèle toutes les nuits ; qu'on n'a peut-être jamais pu compter dans une année en-

tière dix jours purs et sereins ; que, si quelquefois ces religieux voient des hommes, c'est
pour les voir souffrans, souvent mutilés, ou
pour leur rendre les derniers et tristes devoirs
de la sépulture. . . . . . Espérons que le systême de la destruction des moines ne pourra
jamais s'étendre jusqu'à ces hommes respectables, qui n'ont fait le sacrifice d'eux - mêmes
que pour l'utilité des autres hommes.

DESCENTE DU SAINT - BERNARD.

Après nous être délassés quelques heures dans
le couvent, nous descendîmes sur le revers mé-
ridional de la montagne, qui conduit à la vallée
d'Aost. Nous fûmes bientôt hors de cet atmos-
phère sombre et humide ; le soleil était chaud,
le jour pur et serein ; tout était couvert de troupes, de mulets et de canons. Cette partie de
montagne est plus rapide que celle du côté du
Vallais ; elle est aussi plus couverte de terre vé-
gétale ; les fleurs y brillent de tout leur éclat ;
des papillons, coloriés des plus vives couleurs,
voltigent de tous côtés. Presque tous les soldats,
pour descendre plus promptement, glissèrent sur
le dos jusqu'au bas. Nous ne tardâmes pas à imiter leur exemple ; nous nous trouvâmes bientôt
au petit village de *Saint-Remy*, à deux bonnes

lieues de l'hospice. Nous continuâmes ainsi notre route jusqu'à *Etroubles*, où les troupes reçurent l'ordre de faire halte. Ce village est distant de cinq lieues environ de l'hospice, et près d'*Aost* et des avant-postes Autrichiens. On craignait quelque surprise. Le général Lannes se hâta d'arriver ; il était neuf heures du matin ; le tems se chargeait d'épais nuages : il passa en revue la sixième légère et la vingt-deuxième de bataille et se disposa à attaquer l'ennemi.

PRISE D'AOST (1).

Le 26 floréal, à onze heures du matin, six bataillons et quelques pièces de campagne se présentèrent à l'ennemi, posté sur les hauteurs d'Aost; il voulut faire résistence, mais se voyant menacé d'être tourné par un bataillon de la sixième légère, il n'attendit pas son mouvement, et se retira en hâte dans la ville ; il fut bientôt atteint et culbuté à la baïonnette, et laissa sur le pont douze hommes tués et un officier supérieur blessé à mort : aucun des nôtres ne fut ni tué ni blessé.

_____

(1) Ici doivent cesser les descriptions historiques, vû l'importance des opérations militaires.

AFFAIRE DE CHATILLONS.

L'avant-garde passa la nuit à Aost ; le lendemain 27 , elle se mit en marche pour Châtillons, où elle n'arriva qu'une heure avant la nuit. L'ennemi occupait toutes les hauteurs qui l'environnent ; le général Lannes chercha à l'amuser, dans la persuasion que le général Muller arriverait assez à tems pour le tourner , mais les obstacles que ce général avait trouvés avaient retardé sa marche. Le général Lannes se décida à une vive attaque. L'ennemi défendait le passage d'un pont et l'issue d'une gorge extrêmement étroite ; il a été culbuté par les grenadiers de la vingt-deuxième demi-brigade , qui ont enlevé le village à la baïonnette. Cent hussards du douzième régiment , les seuls qui fussent encore arrivés à l'avant-garde , reçurent l'ordre de charger. Les généraux Watrin , Mainoin , et tous les officiers de l'état-major , chargèrent en même tems ; ils firent à l'ennemi rois cents prisonniers, qui perdit en outre deux pièces de canon , et cent hommes tués ou blessés. Nous n'avons eu que cinq hommes légèrement blessés , parmi lesquels est l'adjudant-général *Noguez* , qui a sabré à lui seul trois ou quatre Autrichiens.

Le général de division Watrin se porta de-suite, avec une partie de l'avant-garde, sur le fort de Bard; et le général Lannes, avec ce qui lui restait de troupes, partit le lendemain à la pointe du jour pour cerner les hauteurs de ce château, et le forcer à une prompte reddition.

SIÈGE DU FORT DE BARD.

Tandis que l'avant-garde s'emparait d'Aost et de Châtillon, le premier Consul descendait du haut du Saint-Bernard, en *se ramassant* sur la neige, traversant des précipices affreux, et glissant par-dessus les torrens.

Le général en chef, Berthier, instruit que le fort de Bard faisait mine de vouloir résister longtems, fit partir l'artillerie dans la nuit du 27 au 28, s'y transporta lui-même, le 28 au matin, et s'empara bientôt des hauteurs d'Albard, qui dominent ce château; il ordonne au général Lannes de s'emparer de la ville, aussitôt les sapeurs et les grenadiers baissent les ponts-levis et la ville est prise. Trois compagnies de grenadiers y logent, et le château est bloqué à portée de mousqueterie.

L'ennemi avait regardé, comme une barrière insurmontable le château de Bard, construit, pour fermer l'entrée du Piémont, à l'endroit même où les deux montagnes qui forment la vallée d'Aost se rapprochent, au point de ne laisser entr'elles qu'un espace de vingt-cinq toises. Quinze cents hommes, commandés pour aller pratiquer un chemin sur la montagne d'Albard, y travaillent avec activité : là où la pente eût été trop rapide, des escaliers sont construits ; là où le sentier, devenu plus étroit encore, se terminait à droite et à gauche par un précipice, des murs sont élevés pour garantir de la chûte ; là où les rochers étaient séparés par des excavations profondes, des ponts ont été jetés pour les réunir ; et sur une montagne, regardée depuis des siècles comme inaccessible à l'infanterie, la cavalerie française a effectué son passage.

Nous étions maîtres de la ville de Bard, mais le chemin situé au-dessous du fort, étoit exposé à un feu continuel de mousqueterie et d'artillerie, qui interceptait toute espèce de communication. L'avant-garde était déjà à la vue de l'ennemi ; elle avait besoin de canons ; les délais qu'eût entraîné leur passage sur la montagne d'Albard présentait de graves inconvéniens : des braves sont aussitôt commandés pour traîner, de nuit, les pièces d'artillerie à travers la ville , sous le feu du château. Cet ordre a été exécuté avec enthousiasme. Tant de dévouement a été couronné du succès. Toutes les pièces ont passé successivement , et malgré la grêle de balles , de grenades et de pierres que l'ennemi faisait pluvoir, nous n'avons eu que peu de blessés. Le général Marmont, commandant l'artillerie , s'est particulièrement distingué dans cette opération, aussi importante que difficile. Le chef-de-brigade Dufour reçut en suite l'ordre de reconnaître la porte du fort, d'en briser la barrière , pendant qu'un piquet de cent hommes chasserait l'ennemi des murs crénelés en avant de son enceinte, d'où il inquiétait le grand chemin. L'attaque a parfaitement réussi ; les grenadiers de la cinquante-huitième demi-brigade se sont comportés avec la plus grande bravoure ; quatre ont été tués et quinze blessés.

EFFORT EXTRAORDINAIRE.

Tandis qu'on travaillait sans relâche à se frayer un chemin sur les hauteurs d'Albard, proche le fort, des soldats ont porté sur leur dos deux pièces de quatre, à travers le *Col de la Coul* ; et , après avoir gravi avec elles, pendant trente heures , des rochers affreux, ils sont enfin parvenus à les établir en batteries sur les hauteurs qui dominent le château, ce qui ne contribua pas peu à sa reddition.

PRISE D'YVRÉE.

Pendant que l'armée filait sur Yvrée, par *San-Mantini*, l'attaque du château de Bard ne s'est point rallentie, et les positions du blocus ont été successivement occupées par les divisions Watrin, Boudet, Loison et Chabran.

Le général Lannes rencontra l'ennemi qui défendait le débouché d'une gorge, du côté de San-Martini; il le repoussa et lui fit une cinquantaine de prisonniers.

L'avant-garde approchait d'Yvrée. On s'attendait que cette place ferait quelque résistence, d'autant plus qu'elle est bonne et forte, et défendue par une citadelle.

Le 2 prairial, le général en chef, Berthier, fit avancer la division Boudet pour remplacer l'avant-garde, et lui donna l'ordre de s'emparer d'Yvrée. L'ennemi avait mis garnison dans la citadelle, et paraissait vouloir défendre la ville; il avait trop peu de monde pour pouvoir résister. La journée du 2 se passa en démonstration, et le

3 au matin, le général Lannes la fit escalader et s'en empara ainsi que de la citadelle, où il trouva dix pièces de canon ; il poursuivit l'ennemi qui faisait sa retraite sur Turin, et lui fit quatre cents prisonniers. Nous n'avons eu, dans cette affaire, que sept hommes tués et 25 blessés.

L'avant-garde prit ensuite position au-delà d'Yvrée. L'ennemi, rassuré par des renforts qui lui étaient arrivés de Turin et de diverses parties du Piémont, venait de s'arrêter dans sa retraite ; et avait pris position sur les hauteurs de *Romano*, derrière la *Chiusella*, dont il gardait les passages avec cinq mille hommes d'infanterie, quatre mille de cavalerie et plusieurs pièces de canon.

COMBAT DE LA CHIUSELLA.

Le général Lannes, qui avait reçu l'ordre de chasser l'ennemi de sa position de *Romano*, arrive le 6 sur les bords de la *Chiusella*, en suivant la route de Turin. La seizième légère commence l'attaque sur trois points ; le centre s'élance au pas de charge sur le pont ; deux bataillons se jettent dans la rivière, au milieu d'une grêle de balles et de mitraille. L'ennemi ne peut résister à tant d'ardeur et d'impétuosité ; déjà sa première ligne d'infanterie est mise en déroute ; la seconde ligne , formée des régimens de *Kinski* et de *Banates* , veut charger la 16e. légère qu'elle parvint à arrêter un moment ; mais la 22e. de ligne , formée en colonne serrée par le général *Gency* , se précipite sur l'ennemi , le culbute , et le force à chercher son salut dans la fuite. La ligne de cavalerie ennemie attaque à son tour ; elle était composée de plus de quatre mille hommes. Les quarantième et vingt-deuxième soutenaient la charge avec fermeté , les bayonnettes en avant. Jamais infanterie ne montra plus de sang-froid et de courage ; trois charges successives sont repoussées. Le général *Palfy* , commandant la cavalerie ennemie, est tué avec six autres officiers autrichiens ; l'ennemi a perdu plus de 500 hommes et 300 chevaux ; le régiment de *Latour* a été presqu'entièrement détruit ; nous avons fait , en outre , 60 prisonniers. Notre perte est de 30 hommes tués et 200 blessés.

PRISE DE SUZE ET DE LA BRUNETTE.

Tandis que l'avant-garde s'avançait sur le Pô , à Chivasso , la division du Mont-Cenis , aux ordres du général *Thureau* , attaquait l'ennemi à Suze , le 2 prairial ; ce général attaqua d'abord le poste des *Gravières* , dont les hauteurs étaient hérissées de canons et de retranchemens. Un bataillon de la vingt-sixième demi-brigade ; parvint à tourner le fort *Saint-François* ; il y monte ensuite , s'établit sur le plateau , et force l'ennemi à évacuer le village des Gravières. Bientôt les troupes s'élancent de tous côtés , au pas de charge ; toutes les positions sont forcées , et la Brunette capitule à dix heures du soir. Nous avons fait, dans ce combat , plus de 1500 prisonniers , tué ou blessé plus de 300 hommes , pris 800 fusils et beaucoup de munitions de guerre et de bouche. De notre côté , nous avons eu 60 hommes tués et 150 blessés.

Après cette victoire , le général Thureau se porta en avant de Suze , pour seconder les opérations de l'armée de réserve.

Revue des troupes par le premier Consul.

Après le combat de la Chiusella , l'ennemi s'est retiré sur Turin , coupant tous les ponts et brûlant toutes les barques sur l'*Orco*. Le général Lannes occupa *Chivasso* le 7 prairial, et trouva sur le Pô , un grand nombre de barques chargées de Riz et de blé.

Bonaparte , profitant d'un instant de repos que goûtait l'avant-garde à Chivasso , après tant de fatigues , fit connaître sa satisfaction à cette brave division rassemblée, pour le courage qu'elle avait montré la veille au combat de la Chiusella ; il loua la 22e. demi-brigade de son vigoureux passage de la Chiusella ; la quarantième, du sang-froid et de l'intrépidité avec lesquels elle a reçu la charge de 4,000 hommes de cavalerie.

Il s'approcha du 12e. régiment de hussards, et ordonna au chef de brigade de dire au régiment qu'il était très-content de sa bravoure, (c'est à l'impétuosité de la charge qu'il fit à Châtillons, que l'on doit le succès de ce combat) ; que la cavalerie allait être réunie, et qu'à la première bataille, il voulait qu'elle chargeât la cavalerie ennemie, pour lui ôter sa morgue et la prétention qu'elle a d'être bien supérieure à la nôtre en manœuvre et en bravoure.

Le premier consul a dit à la 28e. de ligne, que, pour preuve de sa satisfaction de la bonne conduite qu'elle avait tenue ; elle marcherait à la tête de l'avant-garde à la première affaire. « Voilà deux ans, lui dit-il, que vous passez » sur les montagnes, et vous êtes toujours à » votre devoir, sans murmurer ; c'est là la pre- » mière qualité d'un bon soldat. Je sais qu'il » vous était dû, il y a huit jours, huit mois de » prêt, et que, cependant, il n'y a pas eu » une seule plainte . . . . . »

Cette manière de récompenser, de stimuler le courage, produisait un grand effet sur l'âme des soldats. Tous les corps de l'armée enviaient la gloire de l'avant-garde, et brûlaient de se signaler comme elle. On verra qu'ils ont tenu parole.

PRISE DE VERCELLI, PASSAGE DU SIMPLON ET DU SAINT-GOTHARD.

Le centre de l'armée s'ouvrait un passage par la vallée d'Aost, lorsque le général Murat entra le 7 prairial à *Vercelli*, de vive force, avec la cavalerie et la division Monnier; il enleva une grand'garde de 50 hommes, prit des magasins très-considérables de riz, de blé et d'avoine, et culbuta, sur la *Sésia*, mille hommes de cavalerie ennemie.

Les villes de Santhia, Crescentino, Biella, Trino, Masserano, furent successivement occupées par l'armée française.

La légion cisalpine, forte de 2,000 hommes, sous les ordres du général cisalpin *Lecchi*, se portait par le *Mont-Rosa* (1), sur Varrello, où

_____

(1) Le *Mont-Rosa* est situé à trois lieues d'Yvrée, on lui donne 2,300 toises au dessus de la mer. Ses sommets sont toujours couverts de neige, et plusieurs forment des glaciers.

elle prit position le 8, après avoir débusqué le prince Rohan et sa légion.

Le général Béthencourt traversait, en même-tems, le Simplon avec sa colonne, s'emparait de *Domo d'Ossula*, et tournait toutes les troupes qui étaient encore sur la Sézia.

Tous ces mouvemens étaient combinés avec le général *Moncey* qui passait le Mont-Saint-Gothard avec 20,000 hommes détachés de l'armée du Rhin, et se portait rapidement sur Bellinzona, Lugano et le Lac majeur.

Ainsi, toutes les divisions qui devaient composer l'armée de réserve, débouchaient en même-tems dans la plaine, et pouvaient combiner leurs opérations, de manière à s'entr'aider mutuellement, sans craindre aucun empêchement imprévu. Ce vaste plan, ces savantes manœuvres doivent, sans doute, long-tems exciter l'étonnement et l'admiration de l'Europe envers celui qui les a conçus, dirigés et exécutés.

Etonnement et joie des Piémontais.

Les habitans du Piémont, spécialement ceux de Vercelli, ont vu l'arrivée des français avec enthousiasme. Les italiens ne revenaient point de leur surprise de voir le premier consul. Le peuple croyait qu'il s'était noyé dans la mer rouge. Les soldats autrichiens, prisonniers, disaient qu'on leur avait assuré que le général Bonaparte ne viendrait pas à l'armée commander les français, parce qu'il avait été fait premier ministre à Paris, et que les ministres ne se battent pas. C'est par de pareils mensonges qu'on abusait de la crédulité des uns, et qu'on se jouait de l'ignorance des autres.

Belle conduite des conscrits.

Les conscrits se sont très-bien comportés au combat de la Chiusella ; à la première obus, ils baissèrent la tête, mais les vieux soldats les contenaient. Le lendemain de l'affaire, ils disaient au général Watrin : « *Général, on ne doit plus nous appeler conscrits ; nous savons ce que c'est, nous en valons trois fois davantage* ».

PASSAGE DU TÉSIN.

Le général Murat ne s'arrêta que peu de tems à Vercelli : instruit que l'ennemi rassemblait des forces à Novarre, il s'y porta le 9, et s'en empara aussitôt, sans éprouver beaucoup de résistence. Le 10, il reçut l'ordre de passer le *Tésin*. L'ennemi montrait, sur la rive gauche de cette rivière, une grande quantité de cavalerie et plusieurs pièces de canon; il avait aussi retiré toutes les barques de son côté; mais les habitans de *Galiate*, avaient caché quatre ou cinq petits bateaux qu'ils offrirent aux français. L'armée s'en servit pour faire passer quelques compagnies de grenadiers dans une île boisée, ce qui obligea les autrichiens à évacuer le point de la rive gauche où on voulait passer.

Le 11, à la pointe du jour, le premier consul arriva sur les bords du Tésin, au moment où les hostilités allaient commencer. Sa présence ranima le courage des troupes, et la victoire n'était plus douteuse.

La 70e. demi-brigade était au pont de Galiate que l'ennemi défendait avec deux obusiers et trois pièces de onze, qui faisaient un feu de mitraille très-vif. Le général Murat fit approcher son artillerie pour prendre en flanc celle de l'ennemi. Sous la protection de ce feu, et à l'aide de quelques bateaux, les grenadiers de l'île passèrent de vive force, et obligèrent l'ennemi à retirer son artillerie. Plusieurs petites barques ramassées à la rive opposée, donnèrent le moyen de passer un bataillon qui chargea aussitôt la cavalerie ennemie à travers les broussailles, et protégea le passage de la demi-brigade,

Le chef de brigade *Duroc*, le même qui a rempli avec tant de distinction une mission diplomatique à Berlin, est tombé dans le Tésin, où il se serait noyé sans les prompts secours que les grenadiers s'empressèrent de lui porter.

COMBAT DE TURBIGO.

L'ennemi se replia ensuite dans le village de Turbigo, où il reçut de nombreux renforts commandés par le général *Laudon*, en personne. L'adjudant-général Girard s'empara du pont en avant de ce village, et s'opposa aux sorties que la cavalerie voulait faire sur notre infanterie. La nuit approchait : le général Murat, sentant l'importance de chasser l'ennemi de sa position, ordonne au général Monnier d'attaquer de vive force Turbigo. Ce général, accompagné du général cisalpin *Pino*, attaque avec impétuosité, et emporte le village à la Bayonnette, malgré la vigoureuse défense de l'ennemi, qui perdit dans cette affaire 200 hommes tués et 400 prisonniers.

Le général Murat se porta ensuite sur Bufarola, que ce mouvement oblige l'ennemi d'évacuer. Le général Duhesme fit passer, dans un petit bateau, quelques hommes de la division Boudet, tandis que le général Viguolles se portait de l'autre côté, et s'emparait des bateaux que l'ennemi avait reployés et coulés au moment de sa fuite.

Toute la nuit du 11 au 12, fut employée à construire des ponts-volants sur lesquels passèrent le lendemain, 13, les divisions de l'armée qui, toutes, se dirigeaient sur *Corbetto*, à 3 lieues de Milan.

PRISE DE MILAN.

L'impatience était grande, d'entrer dans cette capitale de la république cisalpine ; ses habitans entendaient le canon des avant-postes : tout annonçait que l'ennemi ferait peu de résistance. En effet, le même jour, 13, le général Murat, arrivé aux portes de cette ville, en reçut les clefs, et fit cerner sur-le-champ la citadelle, qui contenait 1500 hommes piémontais et 1500 de la légion de Rohan et Bussy.

Trois heures après, le premier Consul et tout son état-major firent leur entrée dans la ville, au milieu d'un peuple immense, animé du plus grand enthousiasme. La cocarde tricolor, cisalpine, avoit été arborée dès la veille par la plus grande partie des habitans. Les patriotes voulaient planter l'arbre de la liberté sur-le-champ, mais le général-en-chef s'y opposa jusqu'à nouvel ordre.

Le mouvement fut si brusque, sur Milan, que le peuple de cette ville ne sut que vingt-quatre heures auparavant l'entrée des Français en Italie. Il est vrai que les Autrichiens avaient pris un soin extrême pour le lui cacher. Quant au premier Consul, on avait répandu le bruit que ce n'était pas lui, mais un de ses frères, ce qui l'obligea à se montrer beaucoup au peuple, qui ne pouvait le méconnaître, l'ayant vu tant de fois lors de sa première entrée en Italie.

L'hôpital de Milan, qui renfermoit douze cents Autrichiens, malades ou blessés, est tombé en notre pouvoir, de même qu'un grand nombre de magasins bien approvisionnés.

Un *Te deum* a été chanté à la métropole, pour l'heureuse délivrance de l'Italie des hérétiques et des infidelles.

CONDUITE DES AUTRICHIENS A MILAN.

Les horreurs qui ont été commises par les agens de l'empereur, dans cette ville, sont sans exemple. On n'épargna, ni le sexe, ni l'âge, ni les talens. Le célèbre mathématicien *Fontana*, gémissait sous le poids des chaîne; son seul crime était d'avoir occupé une place dans la République.

Tous ceux qui avaient fait partie des municipalités, administrations départementales, tribunaux, du corps législatif, du ministère, ont été renfermés dans des cachots, et traités comme de vils scélérats.

Caprara, d'une des premières, des plus riches maisons d'Italie, était dans les fers. Il n'a jamais été membre d'aucune administration cisalpine; mais, sénateur à Bologne, lorsque les Français y entrèrent, il fut de la partie du sénat, qui appuya la cause de la liberté et de l'égalité.

Il y avait dix jours que les nobles avaient établi à Milan un *Casino* où eux seuls pouvaient aller. Tous les privilégiés ont paru vouloir, pendant cette année, où leur règne était revenu, s'indemniser par toutes sortes de vexations et d'arrogance des trois ans d'égalité qu'ils avaient soufferts. Ceux de leur caste qui avaient été employés dans la république Cisalpine, ont encore été plus maltraités que les autres citoyens.

Les Autrichiens ont eu le talent d'indisposer tous les partis dans la Lombardie. Leur rapacité est sans exemple. Ils avaient enlevé jusqu'aux arbres. Milan d'aujourd'hui ne ressemble plus à Milan du jour où l'ont quitté les Français. Les prêtres même étaient très-mécontens de voir les hérétiques anglais et les infidèles musulmans profaner le territoire de la sainte Italie.

Une chose bien remarquable, c'est que tous les individus qui ont été le plus persécutés, sont ceux que l'on peut appeler les 89 de la Cisalpine. On a vu plusieurs de ceux qui, dans les derniers tems de la république, étaient les plus exaltés et les exclusifs, se concilier avec les Autrichiens et prendre du service avec eux.

Les Autrichiens avaient inondé l'Italie de billets, espèce d'assignats qui perdent beaucoup et qu'ils forcent à prendre pour les fournitures qu'on leur faisait. C'est sur-tout à étouffer le germe de lumière et de philosophie que tendaient tous leurs efforts; ils avaient détruit l'université de *Pavie* et appelé des jésuites superstitieux et ignorans pour remplacer les célèbres professeurs qui enseignaient auparavant:

Conduite de Bonaparte à Milan.

A peine les Italiens se virent-ils délivrés du bâton autrichien, qu'ils fondèrent toutes leurs espérances sur la générosité et le caractère du premier consul. Bonaparte fut sensible aux marques d'affection que lui témoignait ce bon peuple ; il fit tout pour adoucir les maux qu'il avait soufferts sous le joug Allemand.

Il ordonna aux généraux des différentes divisions de ne faire aucune réquisition particulière pour le service de l'armée, sans en prévenir l'ordonnateur en chef, qui demeurait chargé d'indemniser les habitans requis.

Il fit traduire au conseil de guerre, le commissaire *Vidal*, prévenu d'avoir détourné à son profit le prix de cinq bœuf qu'il avait requis arbitrairement pour l'armée.

Il réunit tous les évêques et curés de Milan, et leur fit connaître ses intentions de maintenir l'organisation religieuse, comme elle était, lorsqu'il commandait en Italie.

Il publia une proclamation pleine de sagesse et de modération, adressée au peuple

Cisalpin, dans laquelle il l'invita à l'oubli de toutes ses querelles, afin qu'il n'existât parmi lui
qu'un seul désir, celui de consolider un état
libre et fort. Il assura ne vouloir reconnaître
pour amis de la liberté, que ceux qui sau-
raient *obéir aux lois, éteindre les haines,
honorer le malheur.*

Il composa un gouvernement provisoire des
citoyens les plus respectables et les plus éclairés de Milan. Enfin il promit de rétablir la
république sur les bases fixes de la religion et
du bon ordre, aussitôt que tout son territoire
serait délivré de l'ennemi.

A ces dispositions pacifiques, à ce systême
de justice et de modération si fortement ma-
nifesté, le peuple de Milan parût très-disposé
à reprendre le ton de gaieté qu'il avait du tems
des Français. Le premier consul et le général
en chef furent invités à un concert qui, quoique improvisé, n'a pas laissé d'être fort
agréable.

Cette différence de conduite si frappante, a
pénétré la nation cisalpine, de reconnaissance
pour la bravoure des phalanges républicaines,
qu'assure à jamais le triomphe de la liberté,

de l'égalité et de toutes les idées généreuses et libérales. . . . Puissent les français qui liront ce rapprochement, connaître le sort qui leur aurait été réservé si la contre-révolution se fût opérée dans leur *patrie !*

SUITE DES SUCCÈS DE L'ARMÉE DE RÉSERVE.

Prise de Pavie, Lodi, Cassano et du Fort de Bard.

La division du général Lannes avait fait l'avant-garde depuis le mont Saint-Bernard jusqu'à Ivrée, et s'était avancée jusqu'à Chivasso, pour faire croire à l'ennemi que le dessein de l'armée était d'opérer sa jonction avec le général Thureau qui était, avec sa division, entre Suze et Rivoli. Pendant ce tems, l'armée filait par un côté opposé, et passait la Sésia et le Tésin.

Lorsque l'on fût suffisamment avancé, le général Lannes repassa la Doria-Baltea, passa à Crescentino, Trino et Vercelli, d'où il reçut l'ordre de se porter rapidement sur Pavie. A son approche, le 14 prairial, l'ennemi abandonna la ville, en nous laissant deux-cents bouches à feu qu'il n'a pas eu le tems d'embarquer sur le Pô ; 8,000 fusils ; 2,000 barrils de poudre ; des magasins immenses , un million de cartouches ; 5,000 paires de draps , et plus de 1,500 malades.

De leur côté, le général Duhesme s'emparait de Lodi et de tous ses magasins , et le général cisalpin Lecchi , de Cassano, sur le chemin de Brescia et d'Arena.

On apprit aussi , en même tems , la reddition du fort de Bard , qui eut lieu le 12 , par capitulation. L'on trouva dans la place dix-huit pièces de canon et beaucoup de munitions. La garnison , forte de 400 hommes, fut faite prisonnière de guerre et conduite en France.

Dispositions du général en chef Mélas.

Tous ces avantages , obtenus presque en même tems , en présageait d'autres plus considérables encore. Le général autrichien *Mélas* avait long - tems cru que l'armée de réserve n'était composée tout au plus que de sept à huit mille hommes qui voulaient faire une incursion en Italie , pour dégager Masséna bloqué dans Gênes. Il persista dans cette idée , jusqu'au

8 prairial , où il écrivait à Pavie, à une femme qu'il avait avec lui : « Je sais que l'on dit » en Lombardie , qu'une armée française ar- » rive ; ne craignez rien , je vous défends de » partir. » Il refusa même d'ajouter foi aux renseignemens qu'il tira de sept à huit pri- sonniers français faits au combat de la Chiu- sella.

Cependant , alarmé des progrès de cette armée , et probablement mieux instruit sur sa véritable force , il se décida à quitter Turin , le 12 prairial , et à concentrer ses troupes entre les places fortes du Piémont , dans la double intention de faire face à l'ennemi et de le joindre au corps du prince Elnitz qui revenait de Nice , où il l'avait envoyé très-imprudem- ment.

C'est dans cet état de choses que l'armée française marcha à sa rencontre , en suivant la route de Plaisance , et en s'emparant de la fameuse position de *Stradella*, pour lui cou- per toute communication avec le reste de ses magasins.

Dispositions du général en chef, Berthier.

Le général en chef, Berthier, sentant l'importance de faire passer le Pô à l'armée, donna ordre au général Murat, dont la cavalerie était réunie à la division Boudet, de se porter sur la tête du pont de Plaisance, et au général Lannes, de chercher à effectuer le passage du Pô, vis-à-vis de Stradella.

De son côté, le général Lecchi, avec la légion cisalpine entrait dans Brescia, d'où le général Laudon ne s'est sauvé que par le courage de son escorte. Il trouva dans cette ville, trente milliers de poudre et beaucoup de magasins.

La division Loison s'emparait aussi de Crêma et Orcinovi, et cernait étroitement la forteresse de Pizighitonne.

Le général Moncey, avec une partie de sa division, était arrivé à Milan, et se disposait à rejoindre l'armée qui approchait des rives du Pô.

Passage du Pô ; prise de Plaisance.

Le 17 prairial, suivant les ordres qu'il avait reçus, le général Murat arrive devant Plaisance, et s'empare de la tête du pont, défendue par cinq à six cents hommes, et une vingtaine de pièces de canon. Mais l'ennemi ayant coupé du côté de la ville, quelques bateaux du pont, et défendant ce passage avec beaucoup d'artillerie, il fallut chercher un autre passage. Le général Murat parvint à se procurer quelques barques qui lui servirent à faire passer la 9e. et la 59e. demi-brigade, à Noretto ; et avec ces forces, il attaqua Plaisance, dont il s'empara le 18. Il trouva dans la ville des magasins très-considérables, et fit à l'ennemi 600 prisonniers. Une partie de la cavalerie ennemie n'eut que le tems de se jeter dans le fort qui se trouva encombré de tout ce qui tenait à l'armée autrichienne, administrations, etc. et qui ne pouvait tenir long-tems.

A peine le général Murat avait-il pris possition à Plaisance, que sa grand'garde fut attaquée du côté de Parme, par un corps d'environ 1,000 hommes qui venaient en toute hâte, former la garnison de la citadelle de Plai-

sance. Il se met aussitôt à la tête de deux bataillons commandés par le général Boudet, et des
grenadiers commandés par l'adjudant - général
Dalton. L'ennemi est bientôt chargé à la bayonnette et culbuté. Les hussards du 11e. régiment font prisonniers tous ceux qui avaient
échappé à la mort, et s'emparent des canons,
des caissons, et du drapeau appartenant à ce
corps. Le général Murat s'occupe ensuite de
faire rétablir le pont de Plaisance, sur lequel
devait passer le lendemain une partie de l'armée.

Prise de Stradella.

Le même jour, 17 prairial, le général Lannes
atteignit les rives du Pô, vis-à-vis de la fameuse
position de la Stradella. L'ennemi avait détruit
tous les ponts volans, mais n'avait pu brûler
toutes les barques. Le général Lannes en ayant
rassemblé quelques-unes, fit passer un peu avant
le jour la 28e. demi-brigade sur l'autre rive.
Une partie de la 40e. traversait aussi ce fleuve,
tandis que le corps du général Mainoni pre-
nait position le long des digues et des marais,
en avant de San-Cypriano.

A trois heures, deux régimens autrichiens,
forts de plus de 2,000 hommes, soutenus de

quelques pièces d'artillerie, attaquent avec impétuosité les troupes débarquées qui ne s'élevaient pas à plus de 1,500 hommes.

Déjà l'ennemi avait commencé à faire ployer notre centre, quand l'ordre de battre la charge fut donné. Le combat fut opiniâtre ; mais l'ennemi fut enfin culbuté et mis en déroute. Il a laissé sur le champ de bataille 300 hommes tués ou blessés et 200 prisonniers.

Le 19, à trois heures du matin, la division étant passée avec son artillerie, la brave vingt-huitième demi-brigade se porta sur *Broni*, où elle chargea avec audace l'infanterie et la cavalerie ennemie. Elle fit, dans cette action, 200 prisonniers, et ne perdit qu'un très-petit nombre d'hommes.

Proclamation de Bonaparte à l'armée.

Milan, le 17 prairial an 8.

Soldats ! Un de nos départemens était au pouvoir de l'ennemi, la consternation était dans tout le midi de la France.

La plus grande partie du territoire ligurien, le plus fidèle ami de la république, était envahie.

La république cisalpine, anéantie dès la campagne passée, était devenue le jouet du grotesque régime féodal.

Soldats ! Vous marchez ! . . . . et déjà le territoire français est délivré ! La joie et l'épouvante succèdent, dans notre patrie, à la consternation et à la crainte.

Vous rendrez la liberté et l'indépendance au peuple de Gênes ; il sera, pour toujours, délivré de ses éternels ennemis.

Vous êtes dans la capitale de la Cisalpine.

L'ennemi épouvanté, n'aspire plus qu'à regagner ses frontières ; vous lui avez enlevé ses hôpitaux, ses magasins, ses parcs de réserve.

Le premier acte de la campagne est terminé.

Des millions d'hommes, vous l'entendez tous les jours, vous adressent des actes de reconnaissance.

Mais aura-t-on donc impunément violé le territoire français ? Laisserez-vous retourner dans ses foyers l'armée qui a porté l'alarme dans vos familles ? Vous courez aux armes ! . . . Hé bien ! marchez à sa rencontre ; opposez vous à sa retraite ; arrachez-lui les lauriers dont elle s'est emparée ; et , par-là , apprenez au monde que la malédiction du destin est sur les insensés qui osent insulter le territoire du grand peuple.

Le résultat de tous nos efforts sera, *gloire sans nuage , paix solide.*

Le premier consul ,   *signé* Bonaparte.

Cette proclamation énergique fut lue à la tête des troupes rassemblées , quelques jours avant la bataille de Montebello.

PRISE DE LECCO ET DE CRÉMONE.

Le général Lecchi qui avait reçu ordre de s'emparer de Lecco le 18 , sur l'Adda, et ayant trouvé le passage défendu par l'artillerie et les barques canonnières ennemies , se détermina à transporter des barques sur des charriots , pour passer ensuite une colonne de trois cents hommes qui tourna l'ennemi , tandis qu'un autre corps canonnait les barques qui défendaient le passage avec leur artillerie. L'ennemi se voyant tourné , se hâta de prendre la fuite , en nous abandonnant quatre pièces de canon, deux barques canonnières , des magasins , des munitions de guerre et une vingtaine de prisonniers.

De son côté, le général Duhesme occupait Crémone avec sa division; il y trouva des magasins très-considérables, ceux sur lesquels M. de Mélas comptait le plus pour l'approvisionnement de son armée.

CAPITULATION DE GÊNES.

L'armée de réserve, toute entière, au-delà du Pô, avançait à grandes journées pour faire lever le blocus de Gênes, et dégager l'intrépide Masséna. Malheureusement cette place, par manque absolu de vivres, avait été obligée de se rendre, le 16 prairial, au moment même où le général autrichien Ott recevait l'ordre de lever le blocus.

Depuis quinze jours, le peuple de Gênes était sans pain; l'armée n'en recevait que six onces, composées d'un mélange, moitié son, moitié maïs. Pendant les dix derniers jours du blocus, le maïs a été remplacé par du cacao, et la ration réduite à trois onces; la plus grande partie des chevaux avait été mangée.

La capitulation fut des plus honorables; la garnison de Gênes, forte de dix mille hommes, put rejoindre le centre de l'armée française, et combattre de nouveau les troupes autrichiennes.

Cette nouvelle , bien que malheureuse et inattendue , ne dérangea en rien le plan du premier consul. Elle lui fit redoubler d'efforts et de courage. Son génie, loin de se laisser abattre par l'adversité , y puise toujours de nouveaux moyens d'acquérir une gloire d'autant plus grande , qu'elle est plus chèrement acquise.

Couriers interceptés.

Le général Murat intercepta , à Plaisance , divers couriers du général Mélas , dont les dépêches étaient extrêmement intéressantes. Dans l'une , il se plaignait amèrement au général *Mosel* , à Plaisance , de sa négligence à approvisionner les places fortes du Piémont et de la Lombardie , et sur-tout d'Alexandrie , qui était le seul point d'où son armée pût tirer ses subsistances.

(Il ignorait , sans doute , que les magasins de Crémone , Lodi , Milan et Plaisance , étaient tombés au pouvoir des français.)

Dans les autres dépêches , il prétendait avoir été trompé par les généraux qui commandaient à Turin et dans la vallée d'Aost , sur la véritable force de l'armée de réserve , qu'on lui disait être composée de six mille hommes au plus. Il convenaît que les places importantes et les citadelles de Turin, Coni, Tortone et Alexandrie n'étaient nullement approvisionnées; que si les français passaient subitement le Pô, et par là coupaient, même pour peu de tems, la communication entre Plaisance et Alexandrie, (c'est ce qu'ils ont fait) cette place et l'armée serait sans ressources, et exposées à ne pouvoir plus être nourries et approvisionnées.

Cette découverte intéressante détermina le premier consul à forcer bientôt le général Mélas à une bataille générale et décisive, de laquelle dépendrait le sort de l'Italie et de l'une ou l'autre armée.

BATAILLE DE MONTEBELLO.

Malgré la prise de Gênes, la position du général Mélas était extraordinaire. L'armée française était *à cheval* sur le Pô, occupant la Stradella et le Tésin; il lui restait encore la ressource de s'y enfermer, si les premiers évènemens ne lui étaient pas favorables; et c'est pour lui ôter cette ressource, et l'empêcher de faire sa jonction avec le général Ott, qui revenait de Gênes avec trente bataillons, que le général en chef Berthier ordonna au général Lannes de quitter la position de Broni , pour attaquer l'ennemi au point où il le rencontrerait.

Le général de division Watrin , qui commandait les premières colonnes de l'avant-garde, rencontra, le 20 prairial, les avant-postes ennemis à San-Diletto. Les forces principales du général Ott , occupaient Casteggio et les hauteurs qui étaient à la droite, ayant beaucoup d'artillerie en position ; il présentait une force d'environ quinze mille hommes, dont quatre mille de renfort qui avaient été envoyés par le général Mélas , quelques jours auparavant.

Les vingt-huitième , sixième , vingt-deuxième et quarantième demi-brigades , après avoir enlevé l'avant-garde ennemie , attaquent la ligne de front , en cherchant à tourner sa droite. L'ennemi s'est opiniâtré à tenir ses positions. Jamais on n'a fait un feu plus vif ; les corps se sont réciproquement chargés à plusieurs reprises. Un bataillon de la quarantième demi-brigade , qui s'abandonna à un mouvement rétrograde, donna quelque avantage à l'ennemi ; alors , le général Victor fit avancer la division Chamberlac , d'une manière extrêmement heureuse.

La vingt-quatrième demi-brigade attaqua la

gauche de l'ennemi ; la 43ᵉ., où était le général Victor, tournait les hauteurs de la droite, tandis que la quatre-vingt-seizième, par une charge à la bayonnette, perça le centre de l'ennemi qu'elle culbuta, et décida la victoire. Le village de Casteggio a été pris et repris plusieurs fois. Le brave douzième régiment de hussards, qui luttait seul contre toute la cavalerie ennemie, a fait des prodiges de valeur.

L'ennemi a été poursuivi au-delà de Montebello, jusqu'auprès de Vogherra. Il a perdu, dans cette journée, 6,000 prisonniers, 5 pièces de canon et 3,000 hommes tués ou blessés. Notre perte a été d'environ 500 hommes, dont 400 blessés.

Le premier consul a assisté à la bataille de Montebello ; il était parti de Milan dans la matinée du 20 prairial, pour se rendre à Pavie ; il n'y est resté qu'une heure, est monté à cheval et a passé le Pô, pour rejoindre l'avant-garde qui était déjà aux prises avec l'ennemi.

La bataille de Montebello a porté l'épouvante et le découragement chez les partisans de l'Autriche. Ils voyaient que les évènemens qui allaient avoir lieu, n'auraient plus pour but la conservation de l'Italie ; mais la retraite de l'armée autrichienne.

Le général Mélas, pressé de tous côtés, concentrait toutes ses forces entre Tortone et Alexandrie. Le premier consul fit prendre quelque repos aux troupes et prépara la fameuse bataille de Marengo.

Retraite du Général Ott.

Le général Ott battu à Montebello, et désespérant de s'ouvrir un passage par Stradella, s'est réplié sur Tortonne, où il a passé la Scrivia. Son camp a été établi à San-Giuliano, son corps d'observation a été placé à Castel-Nuovo-di-Scrivia. Il était dans cette position lorsque nous nous sommes postés, le 23, sur les bords de cette rivière. Il a fait aussitôt un mouvement rétrograde. Il a passé la Bormida et laissé une arrière-garde entre Spinetta et Monego. Le 24, l'armée a passé la Scrivia. Les divisions Gardanne et Chamberlhac, aux ordres du général Victor, ont marché sur Marengo. Le général Murat a suivi ce mouvement à la tête de la cavalerie. L'ennemi y a soutenu un combat très-vif ; mais bientôt enfoncé de toutes parts, il régagna avec précipitation le pont de la Bormida , en face d'Alexandrie. On lui a fait une centaine de prisonniers. Le même champ de bataille devait servir, le lendemain, de théâtre à l'un des plus grands évènemens militaires, qui puissent illustrer les armées françaises. Il ne restait plus à M. de Mélas d'autre parti à prendre, que celui de tenter le sort d'une bataille générale , pour se frayer la route de Plaisance.

Arrivée du Général Desaix.

Peu d'heures après la bataille de Montebello, le général Desaix, qui avait rendu de si grands services à l'armée d'*Orient*, en Egypte, arrive au quartier-général à Broni. Il est acceuilli avec transport par le premier consul et toute l'armée. Bonaparte lui donne à l'instant le commandement de deux divisions, et le fait un de ses lieutenans-généraux. Desaix donna de longs et intéressans détails sur son retour en Europe, et les mauvais traitemens qu'il avait reçus dans la rade de Livourne, de la part de l'amiral anglais, Keith, et dont il conservait un vif ressentiment.

(Voyez la notice à la fin de l'ouvrage.)

BATAILLE DE MARENGO. (1)

S'emparer de Milan, opérer la jonction avec le général Moncey, qui venait du Rhin avec deux divisions, couper les derrières de l'ennemi, à Brescia, Orci-Novi, Marcaria et Plaisance, prendre ses immenses magasins, fermer ses communications, enlever ses dépôts, ses malades et ses parcs, tels étaient les mouvemens qui avaient été ordonnés à des partis, tandis que notre armée observait celle de l'ennemi, l'inquiétait sur le Pô, et effectuait le passage de ce fleuve devant Stradella ; l'activité de nos mouvemens nous en avait donné l'initiative ; le génie de Bonaparte en a profité.

L'ennemi battu à Montebello allait être renforcé successivement des troupes aux ordres de MM. les généraux Elsnitz et Bellegarde.

---

(1) *Marengo* et non *Maringo* comme l'ont écrit la plupart des rapports officiels, est un assez gros village, situé entre Tortonne et Alexandrie près la plaine *San-Giuliano*. Comme ce lieu est sans doute destiné à tenir une place importante dans l'histoire, il est utile de rétablir son nom comme il doit être prononcé et écrit.

Le général Berthier fut instruit d'un autre côté que M. de Mélas avait rassemblé toutes ses forces à Alexandrie. Il était important de prévenir ses mouvemens ultérieurs. Tout fut disposé pour atteindre ce but.

L'ennemi pouvait ou se porter sur Gênes et de là pénétrer dans la Toscane, ou passer le Pô et le Tésin pour gagner Mantoue, ou se faire jour par la rive droite du Pô, en combattant notre armée, ou enfin se renfermer dans Turin.

Les divisions Chabran et Lapoype reçoivent l'ordre de garder le Pô; le détachement laissé à Yvrée observe l'Orco, le corps du général Moncey occupe Plaisance, observe Bobbio, garde le Tésin, la Sesia et l'Oglio depuis le confluent de cette rivière jusqu'au Pô, et pousse des reconnaissances sur Peschiera et Mantoue. La légion italique occupe Brescia: le reste de l'armée, BONAPARTE à la tête, marche à l'ennemi.

Le 24 prairial, à la pointe du jour, l'armée se dirige sur Tortone et Castel-Nuovo-di-Scrivia. Le corps du général Victor, qui forme l'avant-garde, passe la Scrivia à Dora: celui du général Lannes s'empare de Castel-Nuovo, où l'ennemi abandonne quinze cents malades, parmi lesquels six cents convalescens prêts à grossir son armée. Le corps aux ordres du général Desaix, prend position en avant de Ponte-Curone. Le même jour l'armée marche sur San-Giuliano, que l'avant-garde de l'ennemi évacue pour aller prendre position à Marengo. Il y est attaqué par la division Gardanne, soutenue de la 24e. légère, et est forcé de se retirer jusqu'à son pont sur la Bormida, après avoir perdu deux pièces de canon et cent quatre-vingt prisonniers.

L'ennemi venait de refuser la bataille dans la pleine située entre San-Giuliano et Marengo, ou il pouvait tirer un grand avantage de sa nombreuse cavalerie. Tout devait faire présumer qu'il ne nous attaquerait pas, après nous avoir laissés acquérir la connaissance du terrain et de sa position, et qu'il avait le projet soit de passer le Pô et le Tésin, soit de se porter sur Gênes et Bobbio. Des mesures sont prises pour lui opposer des forces sur la route d'Alexandrie à Gênes, et sur la rive gauche du Pô, dont il pouvait tenter le passage à Casal ou à Valence. Une division du corps aux ordres du général

Desaix se porte sur Rivalta en tournant Tortone. Des ponts volants sont établis à la hauteur de Castel-Nuovo, pour passer rapidement le Pô, et par un mouvement de flanc, se réunir aux divisions d'observation sur la rive gauche de ce fleuve.

Mais le 25, à sept heures du matin, la division Gardanne qui fesait notre avant-garde, est attaquée. L'ennemi, par le développement de ses forces, fait connaître ses projets. Les troupes, aux ordres du général Victor, sont aussitôt rangées en bataille : une partie forme le centre qui occupe le village de Marengo, l'autre forme l'aîle gauche qui s'étend jusqu'à la Bormida; le corps du général Lannes est à l'aîle droite. L'armée formée sur deux lignes avait ses aîles soutenues d'un gros corps de cavalerie,

L'ennemi se déploie successivement et débouche par trois colonnes. Celle de droite débouche sur Figorallo en remontant la Bormida; celle du centre sur Marengo par la grande route. enfin celle de gauche sur Castel-Ceriolo.

Le premier consul se porte rapidement sur le champ de bataille, et trouve, en y arrivant,

l'action engagée sur tous les points. On se battait
de part et d'autre avec un égal acharnement.
Le général Gardanne soutenait, depuis deux
heures, l'attaque de la droite et du centre de
l'ennemi, sans perdre un pouce de terrein,
malgré l'infériorité de son artillerie. La brigade
aux ordres du général Kellermann, composée
des 2ᵉ. et 20ᵉ. régimens de cavalerie et du 8ᵉ. de
de dragons, appuyait la gauche du général
Victor. La 44ᵉ. et la 101ᵉ. de ligne soutenaient
leur réputation.

Le général Victor envoie des ordres à la
brigade de cavalerie du général Duvigneau;
mais ce général avait quitté, sans autorisation,
le commandement de sa brigade; ce qui a retardé l'exécution des mouvemens. Deux cents
hommes de ce corps sont commandés pour
remonter la Bormida, et observer le mouvement de la droite de l'ennemi; le reste reçoit
l'ordre d'appuyer la gauche de l'armée et se conduit avec valeur. Le général Gardanne obligé
de quitter sa position d'avant-garde, se retire
par échelons et prend une position oblique.
La droite est au village de Marengo, la gauche
sur les rives de la Bormida.

Dans cette nouvelle position, il prend en

flanc la colonne qui marche sur Marengo, et dirige sur elle une fusillade terrible. Les rangs de cette colonne sont éclaircis, elle hésite un instant ; déjà plusieurs parties commencent à plier ; mais elle reçoit de nouveaux renforts et continue sa marche. Le général Victor dispose successivement la 24e. légère, la 43e. et la 96e. de ligne pour défendre le village de Marengo.

Tandis que ces mouvemens s'exécutent, la brigade du général Kellermann soutient la gauche, le 8e. de dragons charge et culbute une colonne de cavalerie ennemie ; mais il est chargé à son tour par des forces supérieures, les 2e. et 20e. de cavalerie le soutiennent et font plus de cent prisonniers.

La gauche de l'ennemi s'avance vers Castel-Ceriolo ; son centre recevant, toujours de nouveaux renforts, parvient à s'emparer du village de Marengo ou il fait prisonniers quatre cents hommes qui tenaient dans une maison.

Quelques-uns de nos tirailleurs, manquant de cartouches, abandonnent en désordre le champ de bataille, et l'ennemi, encouragé par ce succès, charge avec plus d'impétuosité. Le général Lannes le combat avec avantage. La ligne, découverte dans la plaine, résiste à l'artillerie et soutient la charge de la cavalerie; mais il ne peut pousser l'ennemi sans se trouver débordé par la gauche. il envoie la 40ᵉ. demi-brigade et la 22ᵉ., renforcer la division Chamberlhac, qui perdait du terrain. L'ennemi souvent repoussé au centre, revient toujours à la charge, et finit par déborder le village de Marengo. Le général Victor ordonne un mouvement rétrograde sur la réserve.

Le général Lannes se voit alors attaqué par des forces infiniment supérieures, deux lignes d'infanterie, marchant à lui avec une artillerie formidable. La division Watrin, et la 28ᵉ. sont inébranlables. Sur le point d'être tournées par un corps considérable, elles sont soutenues par la brigade de dragons aux ordres du général Champeaux. Le changement de position du général Victor, oblige le général Lannes à suivre le même mouvement.

Le premier consul, instruit que la réserve du général Desaix n'était pas encore prête, se porte lui-même à la division Lannes pour ralentir son mouvement de retraite. Cependant l'ennemi s'avançait ; il ordonne différens mou-

vemens à la 72ᵉ. demi-brigade, il veut même
prendre l'ennemi en flanc, et charger à la tête
de cette demi-brigade; mais un cri sort de tous
les rangs : *Nous ne voulons pas que le
premier consul s'expose!* et l'on vit alors
une lutte intéressante du soldat, qui oubliant
le danger, ne pensait qu'à celui que courait son
chef. Cependant l'on gagne du tems.

La retraite se fait bientôt par échiquier, sous
le feu de quatre-vingts pièces d'artillerie qui
précèdent la marche des bataillons autrichiens,
et vomissent dans nos rangs une grêle de boulets
et d'obus. Rien ne peut ébranler nos bataillons.
Ils se serrent et manœuvrent avec le même ordre
et le même sang-froid que s'ils eussent été à
l'exercice. Le rang qui vient d'être éclairci se
trouve aussitôt rempli par d'autres braves. Jamais
on ne vit un mouvement plus régulier, ni
plus imposant.

L'ennemi se croyait assuré de la victoire,
une cavalerie nombreuse, soutenue de plusieurs
escadrons d'artillerie légère débordaient notre
droite et menaçaient de tourner l'armée.

Les grenadiers de la garde des consuls marchent pour appuyer la droite; ils s'avancent et

soutiennent trois charges successives ; au même moment arrive la division Monnier qui fesait partie de la réserve. Le général Berthier dirige deux demi-brigades sur le village de Castel-Ceriolo avec ordre de charger les bataillons qui soutiennent la cavalerie ennemie. Ce corps traverse la pleine et s'empare de Castel-Ceriolo, après avoir repoussé une charge de cavalerie; mais notre centre et notre gauche continuaient les mouvemens retrogrades; il est bientôt obligé d'évacuer ce village; en se retirant, il suit le mouvement de l'armée, entouré de la cavalerie ennemie qu'il tient en échec.

L'armée arrive à la pleine de San-Giuliano où la réserve, aux ordres du général Desaix, était formée sur deux lignes, flanquées à droite de douze pièces d'artillerie commandées par le général Marmont, et soutenues à gauche par la cavalerie aux ordres du général Kellermann. Le premier consul, exposé au feu le plus vif, parcourt les rangs pour engager les soldats, et fait arrêter ce mouvement rétrograde. Il était quatre heures après-midi.

Le général Desaix à la tête de la brave 9ᵉ légère, s'élance avec impétuosité au milieu des bataillons ennemis et les charge à la bayonnette.

Le reste de la division Boudet suit ce mouvement sur la droite; toute l'armée, sur deux lignes, s'avance au pas de charge. L'ennemi étonné, met son artillerie en retraite; son infanterie commence à plier. Le général Desaix est atteint d'une balle mortelle; la mort de cet officier distingué, dont la France pleurera long-tems la perte, enflame d'une nouvelle ardeur les braves qu'il commandait. Tous brûlant de le venger, se précipitent avec fureur sur la première ligne de l'infanterie ennemie, qui résiste, après s'être repliée sur la seconde ligne; toutes les deux s'ébranlent à-la-fois pour faire une charge à la bayonnette. Nos bataillons sont arrêtés un moment; mais le général Kellermann ordonne la charge avec huit cents cavaliers qui culbutent l'ennemi et lui font six mille prisonniers, parmi lesquels le général Zagg, chef de l'état-major de l'armée autrichienne, le général Saint-Julien, plusieurs autres généraux et presque tous les officiers de l'état-major.

L'ennemi avait encore une troisième ligne d'infanterie, soutenue du reste de l'artillerie et de toute la cavalerie.

Le général Lannes avec la division Watrin,

les grenadiers à pied de la garde des consuls et la division Boudet, marchent contre cette ligne, et sont soutenus dans cette charge par l'artillerie que commande le général Marmont. La cavalerie, aux ordres du général Murat, les grenadiers à cheval, commandés par le chef de brigade Bessieres, chargent, à leur tour, la cavalerie ennemie, l'obligent à se replier avec précipitation, et la mettent en déroute. Son arrière garde est taillée en pièces.

L'ennemi, en désordre, était arrivé sur le pont de la Bormida; on se battait depuis une heure dans les ténèbres. La nuit seule a sauvé les débris de l'armée autrichienne.

Cette journée a coûté à l'ennemi douze drapeaux, vingt-six pièces de cannon et 13,000 hommes, dont 3,000 tués, 3,000 blessés et 7,000 faits prisonniers. Sept de ses généraux et plus de 400 de ses officiers ont été blessés.

Nous avons à regretter sept à huit cents tués, deux mille blessés et onze cents faits prisonniers. Parmi les blessés se trouvent les généraux de brigade Rivaud, Champeaux, Muller et Mainoni.

Jamais combat ne fut plus opiniâtre, jamais

victoire ne fut disputée avec plus d'acharnement. Autrichiens et Français admiraient respectivement le courage de leurs ennemis. Les deux armées se sont trouvées engagées pendant quatorze heures, à portée de la mousqueterie.

Dans cette journée mémorable, les troupes de toutes les armes se sont couvertes de gloire. Pour citer tous les braves qui se sont distingués, il faudroit nommer tous les officiers et plus de la moitié des soldats.

Convention entre les généraux en chef des armées française et impériale en Italie.

Le lendemain de la fameuse bataille de Marengo, le général Mélas a fait demander aux avant-postes français qu'il lui fût permis d'envoyer au quartier-général, le général *Skal*, pour traiter de la convention mémorable, dont le texte suit :

ARTICLE PREMIER.

Il y aura armistice et suspension d'hostilités entre l'armée de sa majesté impériale, et celle de la république française en Italie, jusqu'à la réponse de la cour de Vienne.

A r t. I I.

L'armée de sa majesté impériale occupera tous
les pays compris entre le Mincio , la Fossa-Maes-
tra et le Pô ; c'est-à-dire , Peschiera, Mantoue.
Borgoforte , et depuis là , la rive gauche du Pô ;
et à la rive droite , la ville et la citadelle de Fer-
rare.

A r t. I I I.

L'armée de sa majesté impériale occupera
également la Toscane et Ancône.

A r t. I V.

L'armée française occupera les pays compris
entre la Chiesa l'Oglio et le Pô.

A r t. V.

Le pays entre la Chiesa et le Mincio , ne sera
occupé par aucune des deux armées. L'armée de
sa majesté impériale pourra tirer des vivres des
parties de ce pays , qui faisaient partie du duché
de Mantoue. L'armée française tirera des vivres
des pays qui faisaient partie de la province de
Brescia.

ART. VI.

Les châteaux de Tortone, d'Alexandrie, de Milan, de Turin, de Pizzighitone, d'Arona, de Plaisance, seront remis à l'armée française, du 27 prairial au premier messidor, ou du 16 au 20 juin.

ART. VII.

La place de Coni, les châteaux de Céva, Savonne, la ville de Gênes, seront remis à l'armée française, du 16 au 24 juin, ou du 27 prairial au 2 messidor.

ART. VIII.

Le fort Urbin sera remis le 26 juin, 7 messidor.

ART. IX.

L'artillerie des places sera classée de la manière suivante : 1°. Toute l'artillerie des calibres et fonderies autrichiennes, appartiendra à l'armée autrichienne ; 2°. celle des calibres et fonderies italiennes, piémontaises et françaises, à l'armée française ; 3°. les approvisionnemens de bouche seront partagés ; moitié sera à la disposition du commissaire - ordonnateur de l'armée

française , et moitié à celle du coumissaire-or-
donnateur de l'armée autrichienne.

A R T. X.

Les garnisons sortiront avec les honneurs militaires , et se rendront avec armes et bagages par
le plus court chemin à Mantoue.

A R T. X I.

L'armée autrichienne se rendra à Mantoue par
Plaisance , en trois colonnes ; la première , du 27
prairial au premier messidor, (du 16 au 20 juin) ;
la seconde , du premier messidor au 5 messidor ,
ou du 20 au 24 juin ; la troisième , du 5 au 7
messidor , ou du 24 au 26 juin.

A R T. X I I.

MM. le général Saint-Julien de Schvertinch ,
de l'artillerie ; de Brun , du génie ; Telsiége ,
commissaire des vivres , et les citoyens Dejean ,
conseiller-d'état , et Daru , inspecteur aux re-
vues ; l'adjudant-général Léopold Stabenzath ,
et le chef de brigade d'artillerie Mosset , sont
nommés commissaires , à l'effet de pourvoir aux
détails de l'exécution de la présente convention ,
soit pour la formation des inventaires , soit pour

pourvoir aux subsistances et aux transports, soit pour tout autre objet.

ART. XIII.

Aucun individu ne pourra être maltraité pour raison de services rendus à l'armée autrichienne, ou pour opinion politique. Le général en chef de l'armée autrichienne fera relâcher les individus qui auraient été arrêtés dans la république cisalpine pour opinions politiques, et qui se trouveraient dans les forteresses sous son commandement.

ART. XIV.

Quelle que soit la réponse de Vienne, aucune des deux armées ne pourra attaquer l'autre qu'en se prévenant dix jours d'avance.

ART. XV.

Pendant la suspension d'armes, aucune armée ne fera des détachemens pour l'Allemagne.

Alexandrie, le 26 prairial an 8 de la république française, (15 juin 1800.)

Signés, ALEXANDRE BERTHIER,

MÉLAS, *général de cavalerie.*

Sur la bataille de Marengo.

Ainsi se termina cette fameuse journée de Marengo ; ses résultats sont si brillans , qu'ils ont passé toutes les espérances. En effet , quel est l'homme , quelque confiance qu'il ait dans la valeur de nos braves , dans le courage et l'habileté de leurs chefs , et dans le génie incomparable du héros de l'Egypte et de l'Italie , qui eût osé se flatter qu'une armée qui n'existait pas encore à la fin de germinal , dans moins de cinquante jours après , se serait formée sur le territoire de la république , aurait franchi des montagnes inaccessibles, vaincu des difficultés que la nature semble n'avoir créées que pour attester à l'Univers, qu'il n'en est point que les français ne puissent surmonter ; forcé les débouchés dans les plaines du Piémont ; passé la Sésia , le Tésin et le Pô , en présence d'un ennemi formidable ; battu , à Montebello, l'élite de l'armée autrichienne , après s'être emparé de tous ses magasins , et remporté sur toute cette armée réunie en force , infiniment supérieure , à Marengo , une victoire d'autant plus glorieuse , qu'elle a été vaillamment disputée , et que ses résultats sont tels , qu'aucune autre n'en a jamais produit d'aussi prompts ni d'aussi brillans ?

Une seule journée a suffi pour remettre en notre pouvoir toutes les places de la Lombardie, toutes celles du Piémont et cette ville de Gênes, défendue avec tant de courage, de constance et d'habileté, et qui n'a été momentanément cédée à nos ennemis, que pour les convaincre que leurs avantages dans la guerre qu'ils s'obstinent à prolonger, ne peuvent être qu'éphémères.

De tels évènemens n'entrent point dans le calcul le plus hasardé de ce que peut la valeur éprouvée, dirigée par le génie; ils étonnent même de la part de ceux qui, jusqu'ici, ne nous ont accoutumés qu'à des prodiges.

Immortelle journée de Marengo! tu manquais sans doute à la gloire de nos guerriers, puisque, par ton éclat, tu l'emportes sur toutes celles où leur courage a constamment honoré le nom français! Tu ne cesseras d'être féconde en grands souvenirs. Mais, au sentiment d'admiration qu'exciteront les exploits qui t'ont illustrée, se mêleront toujours les regrets que nous devons donner à la perte du brave DESAIX et de tant de guerriers que, comme lui, tu as vu périr au champ de l'honneur.... Ainsi, la mort d'un héros est un jour de deuil, au sein même des plus éclatans triomphes!

Faits particuliers.

A la bataille de Marengo, Bonaparte avait une *redingotte grise*, comme dans la première campagne d'Italie. Les généraux, les officiers lui criaient sans cesse que sa place n'était pas au milieu du feu.

Le général Mélas avait dégarni toutes ses forteresses, pour tomber avec la masse entière de ses forces sur l'armée de réserve.

Les plus grands généraux que l'histoire cite, n'ont jamais passé de revue sous le feu terrible d'une artillerie formidable. Bonaparte, au pas, a mis les troupes en bataille et les a vues à cheval. Quelqu'un lui observait qu'il était étonnant qu'aucun de ceux qui étaient avec lui n'ait été tué : « *Vous étiez avec moi*, a-t-il répondu, *ma fortune vous préservait.* »

Bonaparte a fait présent au général Mélas d'un sabre turc rapporté d'Egypte : c'est l'aide-de-camp Lacuée qui a été chargé de le lui présenter. M. de Mélas lui a dit : « *Il me tarde que nous ayons la paix à laquelle je vais contribuer de tous mes efforts, pour*

,, aller voir le général Bonaparte à Paris.
,, J'irais le voir, fut-il même en Egypte. ,,

Beaucoup de grenadiers hongrois et allemands, qui avaient vu Bonaparte en l'an 5, prisonniers à la bataille de Marengo, le reconnurent, en passant auprès de lui, et se mirent à crier avec une espèce de satisfaction : *Vive Bonaparte !*

Le général autrichien Saint-Julien, avec quatre ou cinq autres généraux, avaient été faits prisonniers, mais ils ont eu le tems de se sauver, pendant que nos soldats se jettaient sur les pièces.

M. de Mélas a eu dans cette affaire deux chevaux tués sous lui, et une contusion au bras. Il faisait dire au premier consul sur la fin de l'action : ,, *Pour Dieu, monsieur,* ,, *faites cesser le carnage, je consens à* ,, *tout.* ,,

Aux cris de vive la république! vive le premier consul ! Desaix abordait l'ennemi au pas de charge, lorsqu'il fut atteint d'une balle et blessé à mort; il n'eut que le tems de dire au jeune Lebrun, fils du troisième consul, qui était avec

lui : « *Allez dire au premier consul que je*
» *meurs avec le regret de n'avoir point assez*
» *fait pour vivre dans la postérité.* ».

Bonaparte, en revenant de la bataille, rencontra une grande quantité de soldats blessés ; il dit, en voyant souffrir tous ces braves gens : *On re-* » *grette de n'être pas blessé comme eux* » *pour partager leurs douleurs* ».

L'armée était ébranlée, et commençait à se battre en retraite, lorsque la présence du premier consul ranima son courage. *Enfans, leur disait-il, souvenez-vous que mon habitude est de coucher sur le champ de bataille.*

Quatre fois pendant le combat, nous avions été en retraite, et quatre fois nous avions été en avant ; lorsque les grenadiers de la garde des consuls furent placés, à trois heures de l'après-midi, dans la superbe plaine de San-Giuliano, comme une *redoute de granit*. Rien ne peut l'entamer ; cavalerie, infanterie, artillerie, tout fut dirigé contre ce bataillon. Ce fut en vain. Ce fut alors que l'on vit ce que peut vraiment une poignée de gens de cœur.

Les autrichiens ont sur-tout en vénération

les grenadiers de la garde des consuls. Cette troupe a eu douze homme tués, cent de blessés; elle n'a eu que deux prisonniers. Des officiers autrichiens leur demandaient : *Combien êtes-vous avec ces grands bonnets ?* — *Quatre mille*, répondit l'un des grenadiers, et ils le crurent. Il n'y en avait pas mille.

Un colonel autrichien avait reçu un boulet mort dans le ventre ; il eut encore assez de force pour dire au général Victor : *Général faites-moi tuer.*

Au moment où se livrait la bataille de Marengo, le château de Plaisance capitulait. La garnison forte de 1,200 hommes, a été prisonnière de guerre.

La bataille paraissait perdue, l'armée était en pleine retraite, lorsque le premier consul, qui commandait en personne, dit et fit dire à l'armée de ne pas perdre courage, qu'il arrivait une division, et que bientôt nous allions ressaisir la victoire. Dix minutes après, arrive cette division ; la charge est battue de toutes parts, et l'ennemi est en pleine déroute.

Un officier de la vingt-huitième demi-brigade d'infanterie de ligne, qui avait été fait prisonnier au commencement de l'action, dit à son retour : *» J'ai vu quelques déroutes, de- » puis que je fais la guerre, mais je n'en ai » jamais vu de semblables »*. Il fut porté, en traversant le pont de la Bormida, l'espace de cinq cents pas, sans toucher la terre. Cavalerie, infanterie et artillerie, tout voulait passer à-la-fois ; une grande partie se jeta à l'eau, et beaucoup se noyèrent.

La confiance que ses premiers succès avaient inspirée à l'ennemi, n'a pas peu contribué à lui faire perdre la bataille. Cette sécurité nous facilita les moyens de l'entamer et de le culbuter au moment où tous les corps criaient victoire. Les cloches d'Alexandrie et des environs sonnaient déjà en réjouissance.

Faits relatifs au blocus de Gênes.

La prise de Gênes se rattachant aux opérarations de l'armée de réserve, il n'est pas hors d'utilité de donner ici quelques détails sur le blocus de cette place, et la glorieuse défense du général Massena.

Le général Massena, avec des soldats affamés , nuds , et épuisés par la misère , a battu par-tout des forces très-supérieures aux siennes.

Il a combattu soixante jours , presque sans munitions.

Il a fait supporter à une population de cent soixante mille ames , une famine de plus de trente jours , pendant laquelle près de vingt mille personnes sont mortes de faim.

Il a détruit à l'ennemi deux fois plus d'hommes que l'ennemi n'a jamais eu à en combattre.

L'armée a perdu pendant le blocus , les deux cinquièmes de ses troupes , et les deux tiers de ses officiers ; le lieutenant général Soult a été blessé et pris. De trois généraux de division , un est mort de l'épidémie , et un a été blessé. De six généraux de brigade , quatre ont été blessés ; de onze adjudans généraux , huit ont été tués ou blessés ; et de trente officiers d'état-major , vingt-un ont été tués ou blessés.

L'armée a été réduite à la misère la plus complète et la plus désespérante , ayant fait manger aux troupes les chevaux au lieu de bœufs ; et le riz , l'amidon , le cacao , la graine

de lin, l'avoine, le son et même de la paille
hâchée, au lieu de pain, ayant distribué les
dernières rations existantes de ce dégoûtant ali-
ment, et encore à raison de deux onces et
demie par homme.

N'ayant pas trois mille hommes en état de
se battre ou de marcher, au moment d'une
révolte que l'excès des souffrances du peuple
allait rendre générale, ne pouvant plus différer
de six heures, la reddition de Gênes, la fermeté du général en chef en a encore tellement
imposé à l'ennemi, que, se trouvant, par le
fait, à sa discrétion, il a obtenu tous les honneurs de la guerre, changé une capitulation
en un traité d'évacuation; et a conservé à la
patrie des braves qui n'ont eu besoin que d'un
pain pour se mesurer de nouveau avec l'ennemi.

Après une des affaire les plus sanglantes,
Massena ne put s'empêcher de dire à un officier qui était à côté de lui : *Eh bien *** ! il
est donc bien décidé que la mort ne veut
pas de nous ?*

Retour de Bonaparte à Milan.

Après la mémorable bataille de Marengo, Bonaparte ne doutant pas que les conditions de l'armistice ne fussent, par l'ennemi, fidèlement observées, se disposa à retourner à Milan. Il envoya le général Kellermann au général Massena; et lui ordonna de veiller à la reddition de Gênes, et à ce que les anglais qui étaient maîtres du port, et dont on connaissait la déloyauté, n'emportassent aucuns canons, et ne causassent aucun dommage dans les forts et dans la ville. Il traversa de nouveau Pavie, où il s'arrêta quelque tems. Cette ville est située dans une belle plaine, sur le bord du Tésin, et dans un terroir si fertile, qu'on l'appelle le jardin du Milanais ; la plupart des rues en sont alignées, longues et larges. On y voit d'assez beaux bâtimens modernes ; on y remarque plusieurs hautes tours quarrées, de brique, qui sont encore des restes de constructions gothiques ; on montre même celle où le consul Boëce fut enfermé. La citadelle est située dans la partie supérieure de la ville ; c'est un ancien édifice de forme quarrée, flanqué de deux grosses tours, et qui ne peut pas servir d'une grande défense. Le pont du Tésin est assez remar-

quable ; il est très-grand, bâti de briques , et en
partie revêtu de marbre. Néanmoins, cette ville
n'est pas peuplée proportionnément à sa grandeur. Le premier consul partit de Pavie , le 27
prairial , par un chemin très-uni qui conduit à
Milan. En sortant de Pavie , nous entrâmes
dans la plaine de Barco ; à deux lieues , environ,
est située la fameuse Chartreuse de Pavie , qui
passe communément pour être la plus belle du
monde. De Pavie à Milan , le chemin est bordé
de plusieurs rangs d'arbres , et de deux et trois
canaux qui se continuent jusqu'à Milan.

Il arriva le 28 aux portes de cette ville ; il y
fut reçu aux acclamations d'un peuple immense ,
qui le regardait comme le libérateur de l'Italie.
Les cris de *vive Bonaparte !* l'accompagnaient
jusqu'au palais ci-devant Ducal. Le conseiller
d'état, Pétiet, le commandant de la place , et tout
ce qui appartenait à l'armée française et aux autorités de la Cisalpine , avaient été au-devant de
lui. Jamais l'allégresse ne fut plus grande à Milan ; jamais le peuple ne manifesta un plus grand
enthousiasme , et ne porta à un plus haut dégré
l'expression de son contentement et du plaisir
dont il jouissait. Quelques têtes exaltées voulurent
insulter à des hommes véritablement connus par

leur attachement à la maison d'Autriche , et par leur haine pour les républicains ; mais les soldats français eux-mêmes les continrent , et la sévérité des réglemens de police empêcha qu'ils ne se portâssent à aucun excès.

Le lendemain matin , Bonaparte et tout son état-major assistèrent au *Te Deum* chanté dans la métropole de Milan , en l'honneur de la délivrance de l'Italie , et de la gloire des armées françaises. Le premier consul fut conduit par tout le clergé , dans le chœur , sur une estrade préparée à cet effet , et celle sur laquelle on avait coutume de recevoir les consuls et les premiers magistrats de l'empire d'Occident ; cette cérémonie était imposante et superbe.

Le soir , l'illumination fut générale , l'allégresse était par-tout à son comble ; des chants civiques se firent entendre de toutes parts. On donna des concerts brillans dans lesquels figuraient les plus célèbres virtuoses de l'Italie ; enfin , le bonheur semblait renaître pour ce peuple malheureux , et un jour de joie effaça 3 années de souffrances et de persécutions.

Description de Milan.

Quoique beaucoup de voyageurs aient parlé de Milan , on ne sera peut-être pas fâché de trouver ici une description de cette importante ville , telle qu'elle est aujourd'hui ; car, il faut convenir qu'elle a un peu perdu de sa splendeur passée.

La plupart des écrivains qui ont fait la description de l'Italie , prétendent que la population de Milan allait , dans le milieu du dernier siècle , à près de deux cent mille ames , et que c'était la ville la plus peuplée de l'Italie , après Naples. Nous ignorons s'ils ont dit vrai ; mais il est certain que depuis ce tems jusqu'à nos jours , les choses ont bien changé. Au récit des voyageurs , Rome et Venise sont beaucoup plus peuplées que Milan , et Naples l'est quatre fois autant. Milan , quoique fort étendue , ne compte pas maintenant plus de cent mille habitans de tout âge et de tout sexe.

On entre dans cette ville par neuf portes principales ; elle était , avant l'organisation républicaine , divisée en six quartiers , dans lesquels on compte deux cents soixante églises ou chapelles principales , dont une cathédrale , onze collégiales , soixante-onze paroisses , trente couvens de religieux , trente-six monastères de femmes , et trente-deux églises de confrairie.

On sera peut-être étonné que dans une ville de cent mille habitans , il y ait une si grande quantité d'églises ; mais on cessera de l'être , quand on saura que dans les autres villes d'Italie, le nombre en est , à proportion , beaucoup plus considérable encore.

Les rues de Milan ne sont point marquées ; mais les demeures se désignent facilement par les églises voisines. Cependant , depuis quelques années , l'on commence à donner aux rues de certains noms qui servent à les faire reconnaître.

Le voisinage des montagnes fait que la température de l'air n'y est pas aussi douce et aussi égale qu'à la base, ce qui est cause que l'hiver est assez rude à Milan , que l'on y a beaucoup de neiges , et en été de fréquens orages accompagnés de tonnerre et d'éclairs.

La ville de Milan , située au 26e. degré 50 minutes de longitude , et au 45e. degré 25 minutes de latitude , à une distance d'environ quatre lieues des Alpes , est bâtie dans un terrain absolu.

ment plat ; elle a plus de 2 lieues de tour dans la grande enceinte de ses fortifications, en y comprenant le château. Sa forme est ronde, l'église cathédrale est située presque au centre ; au devant, est une grande place sans aucun ornement ni aucun bâtiment remarquable. La place dite des marchands serait très-belle, si on n'avait pas bâti au milieu une grande halle qui la remplit presque entièrement. Il y a une quantité d'autres places, dont aucune n'est régulière ; dans presque toutes, on tient des marchés deux fois la semaine, où se débitent les denrées de consommation journalière que les paysans apportent de la campagne. Les rues qui sont au centre de la ville, sont étroites, mal alignées et assez mal bâties, mais fort peuplées ; c'est là où résident la plus grande partie des marchands et artisans. Celles qui sont près de la première enceinte, sont plus larges et mieux alignées ; on y voit beaucoup de grandes maisons ou palais. Cette première enceinte est environnée d'un fossé rempli d'eau, qui communique aux deux canaux, par le moyen desquels on amène à Milan, le vin, le blé, le bois, les charbons, les pierres, les briques, et en général, toutes les grosses provisions.

Les promenades les plus agréables de Milan,

sont sur les remparts de la ville , dont quelques-uns sont plantés d'arbres , et sur l'esplanade qui est entre la ville et la citadelle ; on se promène peu hors de la ville , parce que le terrain y est fort gras, il y a beaucoup de boue, ou une poussière encore plus incommode.

Le château de Milan, situé au nord de la ville, est un hexagone régulier, formé par six bastions défendus par une muraille terrassée et revêtue , environnée d'un grand fossé plein d'eau , avec un bon chemin couvert et plusieurs ouvrages extérieurs entre la muraille et les bastions ; il y a un second fossé revêtu et plein d'eau , et un troisième qui environne la partie centrale du château, où est situé l'ancien palais des ducs de Milan. La cour est grande et belle, et forme un quarré long. Il y a une petite colline appelée *la Bocchetta*, qui domine sur toute la campagne des environs , et sur la plupart des ouvrages intérieurs et extérieurs. Cette place n'est dominée d'aucun côté , elle est bien fortifiée et très-bien entretenue ; cependant , elle ne peut soutenir plus de huit jours de tranchée ouverte, parce qu'elle est très-resserrée , et que rien n'empêche , d'aucun côté , d'ouvrir la tranchée , et d'en approcher de manière à la battre en brèche avec avantage.

Les trois choses les plus rémarquables à Milan,

sont : 1°. la cathédrale ou la métropole ; 2°. la bibliothèque ambroisienne ; 3°. le grand théâtre.

1°. L'église métropolitaine de Milan est l'une des plus célèbres d'Italie, après Saint-Pierre de Rome. L'édifice, d'architecture gothique, étonne par la grandeur de l'entreprise et l'immensité du travail. Il a dans le chœur 500 pieds de longueur sur 200 de largeur. Il est soutenu par 160 colonnes de marbre, et partagé en trois nefs fort larges. Ce qu'il y a de vraiment étonnant, c'est le travail de l'extérieur, et la quantité de niches, de statues de marbre de toute grandeur, dont les murs sont revêtus du bas en haut avec tant de profusion, que la plupart sont placées de manière à ne pouvoir être vues. On peut regarder le dessein de cette église comme le comble de la folie en architecture gothique, et il n'existe peut-être pas un édifice aussi chargé d'ornemens inutiles.

Le palais de l'archevêque, à côté de la métropole, est un bâtiment très-vaste qui n'a rien de remarquable.

2°. La bibliothèque ambroisienne est la chose la plus intéressante de Milan après la métropole.

Les bâtimens qui lui sont destinés n'ont rien de magnifique; mais la salle de la bibliothèque, qui est un quarré long de 60 pieds sur 24 de largeur, et 36 de hauteur, est très-belle. Une galerie tournante donne la facilité de prendre les livres qui sont dans les tablettes du haut. On y comptait autre-fois 40,000 volumes imprimés et 15,000 manuscrits; mais le nombre en est aujourd'hui considérablement diminué. Entr'autres plusieurs beaux manuscrits, on en trouve des poëtes grecs qui sont très-précieux; tels qu'*Hésiode*... *Eschyle*... *Sophocle*... *Euripide*... *Pindare*... *Licophon*... *Moschus*... *Aristophane*... *Théocrite*. etc...

A côté de la bibliothèque, sont les salles de l'academie de peinture et sculpture. Pour y arriver, on traverse une petite cour entourée d'une colonnade.

3°. Le grand théâtre de Milan est situé au centre de la ville, il est fort grand, a six rangs de loges; mais il est mal orné et serait triste et obscur, si les particuliers n'étaient pas dans l'usage de décorer l'intérieur de leurs loges, qui sont d'ordinaire fort éclairées. Ces loges sont extrêmement grandes; vis-à-vis est un office où l'on sert des rafraîchissemens, et même à souper, si ceux qui les occupent l'exigent. Le théâtre peut contenir jusqu'à 400 personnes et 40 chevaux, qui y font quelque fois de brillantes évolutions. Le nombre de spectateurs est immense.

Il nous reste à parler des mœurs et des usages des habitans; malgré toutes les révolutions qu'a essuyées cette grande ville, le peuple qui l'habite n'en est pas moins très - pacifique, il a cependant acquis quelqu'énergie, depuis que les français lui ont donné un gouvernement républicain, lors de leur première entrée en Italie. Il est en général fort adonné aux arts et au commerce. Les mœurs y paraissent très-réglées; les femmes sur-tout y vivent dans une grande retraite. C'est la ville d'Italie où les étrangers, sur-tout les français, sont le mieux accueillis, et trouvent la meilleure compagnie. La langue française y devient très-familière. Tout ce qni a rapport au culte public y est très-respecté; le jour de la Fête-Dieu a été célébré cette année avec beaucoup de solennité. Les français accompagnaient les processions au milieu des rues, et avaient reçu à ce sujet les ordres les plus sévères pour ne point troubler cette cérémonie réligieuse.

Il y a maintenant peu de commerce à Milan; tout fait espérer que sous peu, il reprendra sa première célébrité. Le terroir des environs de cette ville est excellent. On y nourrit beaucoup de bétail et on y fait quantité de fromages que l'on transporte, en tems de paix, dans tous les pays étrangers. On ne voit point de grands troupeaux dans la campagne; comme les prairies sont divisées en pièces de peu d'étendue, entourées de fossés pleins d'eau, il n'est point nécessaire de garder le bétail, qui ne peut s'écarter de l'endroit où il doit paître. D'ailleurs, on n'a rien à craindre des loups, qui sont fort rares, dans un pays où il n'y a point de forêts, qui puissent leur servir de retraite.

La ville de Milan, allant être le rendez-vous d'une infinité de français qui y attireront bientôt la curiosité ou des affaires de tout genre, nous avons cru devoir nous étendre un peu, dans la description de cette ville. Nous parlerons encore de celle de Turin, lors du passage de Bonaparte à son retour en France. La population, les usages, les gouvernemens de ces deux importantes villes, ayant subi de nombreux changemens, il n'est pas hors d'uti-

lité de les montrer telles qu'elles sont aujour-
d'hui, pour que le voyageur puisse être à même
de faire des rapprochemens.

Réorganisation de la République Cisalpine.

A peine le premier consul fut-il de retour
à Milan, qu'il s'occupa des moyens de réorganiser la république cisalpine. Il créa une
consulte, chargée de préparer cette organisation, et de rédiger les lois et les réglemens
relatifs aux différentes branches de l'administration publique. Il établit à Milan un ministre
extraordinaire du gouvernement français, chargé
de toutes les relations avec le gouvernement
cisalpin. Il forma un gouvernement provisoire,
exercé par une commission extraordinaire de
neuf membres, qui réuniront tous les pouvoirs
de la république excepté le pouvoir judiciaire
et le pouvoir législatif; enfin il ne négligea
aucun moyen de réorganiser cette intéressante
république sur des bases fixes, solides et équi-
tables, qui lui assurent à jamais sa force et
son indépendance, telle qu'elle a été reconnue
par l'empéreur et la plus grande partie des
puissances de l'Europe.

Entrée des Français dans les Places fortes.

En vertu des conditions de l'armistice, les places de Tortonne, Turin, Alexandrie, Milan, Coni, Céva, Savone, Pizighitone et Gênes, furent successivement occupées par les troupes françaises, aux époques convenues, et l'armée autrichienne se retira en trois colonnes sur Mantoue. Seulement les Anglais, aidés par deux traîtres (1), voulurent mettre quelqu'opposition à la reddition de Gênes dont ils tenaient encore le port, mais le général Autrichien, prince d'Hohenzollern, par sa fermeté, les obligea de regagner le large, ce qu'ils firent en enrageant.

---

(1) ASSARETTO, génois, et WILLOT français. Ces deux traîtres qui avaient été comblés de biens et d'honneur par leur patrie respective, s'unirent aux anglais contre leurs concitoyens, et s'enfuirent sur leurs vaisseaux, furieux et désespérés de ne point avoir réussi dans leurs projets infâmes.

Résultats de cette Campagne.

Les résultats de cette campagne, aussi courte que glorieuse, dont le succès est dû tout entier au courage de nos soldats, au génie de Bonaparte, et aux talens de ses généraux, mettent à notre disposition le territoire ligurien, piémontais et cisalpin ; quinze places fortes de première et de seconde ligne ; plus de 2,000 pièce de canon ; deux millions de cartouches, 25,000 paires de draps ; 40,000 fusils, neuf et vieux; 21,000 prisonniers ; 12,000 malades et leurs hôpitaux ; deux ou trois flottilles des lacs ; des provisions de bouche, des munitions de guerre pour une armée de 100 mille hommes pendant six mois ; des magasins immenses, des bagages de toute espèce, et par-dessus tout cela, très-probablement LA PAIX.

Départ du premier consul, de Milan.

Avant de s'éloigner de Milan, le premier consul ordonna que le corps du général *Desaix* serait transporté au couvent du Saint-Bernard, où il lui sera élevé un mausolée.

Les noms des demi-brigades des régimens de

cavalerie, d'artillerie, ainsi que ceux des généraux et chefs de brigade, seront gravés sur une table de marbre, placée vis-à-vis le monument.

Il arrêta ensuite que l'armée de réserve et celle d'Italie ne formeraient plus qu'une seule et même armée, sous le nom *d'armée d'Italie*, dont le général *Massena* aurait le commandement en chef.

Après ces diverses dispositions, le 7 messidor, BONAPARTE, accompagné du chef de brigade *Duroc*, du général *Murat*, et de plusieurs autres officiers généraux, prit congé des autorités de la république cisalpine, reçut les félicitations de tous les habitans, et prit la route de Turin, où le général en chef Berthier, arriva un jour après pour organiser le gouvernement provisoire du Piémont.

Passage du premier consul à Turin.

Le premier consul arriva le soir du 7 messidor dans la ville de Turin; il y fut reçu par le général Thurreau, et par les principaux habitans de la ville, et descendit à la citadelle au milieu d'un peuple nombreux qui l'accompagnait, en faisant retentir les airs des cris de *Vive Bonaparte, vive le premier consul!* Il visita la citadelle qu'il trouva superbe, et repartit sur-le-champ. La ville de Turin étant la plus importante des places conquises après Milan, nous en donnons ici une description détaillée d'après nos propres observations en d'autres circonstances.

Description de Turin.

Turin, cette capitale du Piémont, était autrefois le lieu de la résidence du roi de Sardaigne. Elle est située dans un terrein uni entre le Pô au Levant, et la Doire au Nord-Ouest. Elle est entourée d'un rempart terrassé, et revêtue de bonnes murailles, d'un large fossé défendu par des bastions, ce qui en fait une place régulièrement fortifiée, et très-bien entretenue.

On y entre par quatre portes. *La porte du Pô* au Levant, est d'une architecture noble et solide; les revêtissemens en sont de marbre pur. *La porte Neuve* au Midi, est aussi revêtue de marbre, et ornée de colonnes et de statues des ci-devant princes de la maison royale, dont plusieurs ont été abattues. *La porte de Suze*, au Couchant, qui conduit à Rivoli ; et *la porte Palais* qui va au pont de la Doire, après avoir traversé le faubourg du Palton, auquel aboutissent, à droite, le grand chemin de Milan ; à gauche celui de la Vénérie, qui servait autrefois de maison de plaisance aux souverains, et que les autrichiens ont considérablement dégradée.

Entre la porte Neuve et la porte de Suze, on trouve la citadelle bâtie en pentagone régulier. On assure que c'est une des meilleures places de l'Europe ; ce qu'il y a de certain, c'est qu'elle peut soutenir un très-long siège, qu'elle est encore très-bien entretenue, car lorsque les Français y sont entrés, ils y ont trouvé 300 pièces d'artillerie et une immense quantité de munitions. Le puits de cette citadelle est une chose curieuse à voir ; il est très-large et a deux escaliers tournans par l'un desquels les chevaux même peuvent descendre jusqu'au niveau de l'eau pour s'y abreuver, et remonter par l'autre. Sur le glacis, du côté de la ville, est une belle promenade plantée d'arbres, qui forment trois belles allées ; celle du milieu où passent les carosses, est très-large ; les deux des côtés sont destinés aux gens de pied, et sont bordées de gazons verds. Cette promenade va jusqu'à la porte de Suze, entre le fossé de la citadelle et la ville.

A l'extrêmité de cette promenade, du côté de la porte Neuve, on trouve l'arsenal, grand et vaste bâtiment, dans lequel les Français trouvèrent une grande quantité de fusils et de sabres pour la cavalerie. Il y a dans son enceinte une fonderie de canons qui n'est point en activité dans ce moment, et les restes d'un cabinet d'histoire naturelle, qui contenait les métaux de toutes les parties de l'Europe.

La ville est divisée en 145 îles ou petits quartiers, dont le nom est écrit sur les angles de chacun; la plus grande partie de ces quartiers sont quarrés, ce qui contribue à la distribution régulière de Turin, à la beauté et à l'élégance de ses rues, à l'étendue des différens points de vue, et à l'agrément général de la ville.

Turin a dans son enceinte, quarante-trois églises, dont une cathédrale; vingt-huit couvens, sept hôpitaux et une célèbre université.

Le palais qu'occupait le roi de Sardaigne, n'a aucune décoration extérieure, et était peu digne de la magnificence royale. C'est un très-grand édifice déjà ancien, bâti trés-uniment; néanmoins, l'intérieur est assez beau, les appartemens sont grands, commodes et bien ornés. Les ouvrages de *Guerchiu*, du *Guide*, de *Paul Véronèse*, de l'*Albane*, *de Vandick*, ornaient autrefois la grande galerie; mais, la plupart et les meilleurs tableaux de ces maîtres, ont été transportés à Paris, et sont successivement déposés au *museum de peinture*. Les jardins de ce palais sont dans un terrain irrégulier et resserré par les fortifications de la ville, ce qui fait qu'ils ne présentent point un brillant point de vue; au reste, selon l'espace, ils sont assez bien distribués.

Le palais du duc de Savoie, qui est sur la place du château, tourné au couchant, est le bâtiment le plus beau, le plus noble qui soit à Turin, et l'emporte de beaucoup sur le château du roi; la façade extérieure est du meilleur goût. Ce palais communique avec le château royal par une galerie couverte.

Derrière ce palais, est l'académie à monter à cheval, où l'on voit un beau manége couvert.

Le grand théâtre est dans le même quartier, et

tient au château royal. C'est l'un des plus beaux et des plus grands qu'il y ait en Europe.

La rue du Pô , qui va du quartier du palais jusqu'à la porte du même nom , est la plus belle et la plus large de Turin ; elle est bâtie d'une manière uniforme , et les maisons qui la bordent sont très-belles , quoique peu élevées.

En entrant dans cette rue , à main gauche , on trouve l'université. La cour d'entrée en est grande , entourée de portiques soutenus par des colonnes. La bibliothèque est encore très-nombreuse , elle renferme beaucoup de manuscrits précieux.

Le palais Carignan est l'un des plus considérables édifices de Turin. Il est situé sur la place de Carignan , où l'on voit aussi la porte d'entrée d'un théâtre qui porte le même nom. Ce spectacle est destiné aux opéra bouffons , tandis qu'on ne représente ordinairement sur le grand théâtre que de grands opéra.

La place *Saint-Charles* est la plus grande et la plus régulière de Turin ; sa forme est un quarré long , décoré , dans sa longueur , par des portiques à arcades , soutenues par des colonnes grouppées d'ordre toscan. Cette place est au milieu de la ville neuve, et sert de place d'armes.

Les rues de cette partie de la ville, sont toutes belles et larges, tirées au cordeau ; les bâtimens, de même hauteur et de richesse frappante.

Au sortir de la porte neuve, on trouve la belle promenade du Valentin ; elle est fermée par plusieurs allées plantées de grands arbres à quatre rangées, tenues de la plus grande propreté, et bordées de petits canaux où coulent des ruisseaux d'eau vive. A l'extrémité de la principale allée, sur le bord du Pô, on voit le petit château des Valentins, qui serait très-beau, s'il n'était pas autant négligé.

Il règne, en général, une grande décence dans la conduite des habitans de cette ville ; ils sont trés-attachés aux français, et ont vraiment les autrichiens en horreur. Il est vrai que ces derniers les ont dépouillés de tout ; les palais n'ont plus, de leur magnificence passée, que leur apparence extérieure ; encore en a-t-on fait disparaître tout ce qui rappelait les titres et la puissance des rois de Sardaigne : les arts et le commerce y sont dans un abandon presque total ; et, depuis les entrées

7

des allemands dans cette ville , la population est
diminuée d'un cinquième.

Passage de Bonaparte à Lyon.

Le premier consul, parti de Turin le 7 messidor , traversa le Mont-Cenis , passa à Cham-
béry , et arriva à Lyon , le 9 à cinq heures du
soir. Son intention était bien de se dérober aux
honneurs qu'on voulait lui rendre ; mais malgré
toutes les précautions qu'il avait fait prendre pour
cela , la nouvelle de son arrivée se répandit dans
toute la ville , et, aussitôt , au bruit du canon,
le peuple, les négocians ; toutes les classes réu-
nies par l'unanimité de l'admiration et de la reconnaissance , remplissent les quais , les ponts ,
les rues et les toîts : *C'est Bonaparte !* Les
applaudissemens , les *vivat*, les *bravo*, durè-
rent jusqu'à la nuit , mêlés aux fanfares et aux
salves d'artillerie.

Les préfets , les généraux , les principaux
fonctionnaires publics , les acquéreurs de do-
maines nationaux , les artistes , les membres de
l'institut, courent chez lui ; on le voit , on
l'entend ; on obtient enfin qu'il voudra bien
rester à Lyon jusqu'à midi du lendemain décadi.
Il promet ; on voyait bien qu'un grand penser

agitait son cœur, et semblait comme absorber son esprit. Le préfet *Verninac* le devine : *Ces ruines vous fatigent ... lui dit-il , j'en effacerais le souvenir amer.*

Décadi, à 9 heures du matin, par un de ces beaux jours si rares, et sans lesquels il n'est point de vraie fête populaire, Bonaparte paraît : 50,000 lyonnais l'entourent, le pressent, le bénissent; un auguste cortége se forme de toutes les autorités constituées et de tous les citoyens transportés ; on arrive à *Bellecour ,* jadis la plus belle place de l'Europe, aujourd'hui le *champ de la destruction.* . . . . Ces monceaux de pierre , ces arcs à demi-rompus serrent le cœur des lyonnais pour la dernière fois ; les souvenirs affreux que perpétuent ces ruines vont cesser dès ce jour.

Le consul, au milieu de la garnison en bataille, au milieu des volontaires lyonnais prêts à partir, pose la première pierre, et commence enfin la réédification des fameuses façades qu'on avait eu l'atrocité de démolir après le siége. Le préfet du département prononce alors un discours de quelques lignes, plein de sensibilité, de grâces et de ce grand sens qui plaît tant au héros.

On avait eu le tems d'improviser pendant la nuit du 9 au 10 une médaille en bronze ; les citoyens Chinard, Bérenger, Delandine et Mercier s'étaient réunis pour cela à la préfecture, et avaient fait, sous la direction du préfet, les légendes et exergues. Il fallut bien improviser pour l'homme extraordinaire qui improvise tout.

La médaille fut présentée au consul, un instant avant qu'il posât la première pierre des façades ; il la reçut en souriant, et dit au préfet d'assurer les lyonnais que bientôt cette place aurait recouvert son ancienne splendeur, et que les fabriques de Lyon, réduites maintenant à 4,000, seraient portées avant deux ans, à plus de 25,000. Il posa ensuite la médaille, renfermée dans une boîte de plomb, sous les fondemens du nouvel édifice.

La médaille représentait d'un côté l'effigie de Bonaparte, avec cette légende :

A BONAPARTE,

RÉÉDIFICATEUR DE LYON,

VERNINAC, PRÉFET,

AU NOM DES LYONNAIS RECONNAISSANS

De l'autre côté, une guirlande de chêne, au milieu de laquelle est écrit :

VAINQUEUR A MARENGO,

DEUX FOIS

CONQUÉRANT DE L'ITALIE,

IL POSAIT CETTE PIERRE,

LE 10 MESSIDOR, AN 8 DE LA RÉPUBLIQUE,

PREMIER DE SON CONSULAT.

Après cette auguste cérémonie, il arriva chez le préfet, où un déjeuner l'attendait. Il a été convive aimable comme il est redoutable aux combats ; c'était Alexandre dînant avec ses amis, le jour qu'il fondait Alexandrie. L'artiste Chinard avait disposé des grouppes qui représentaient ingénieusement les attributs de la guerre ; au fonds du sallon, on voyait un grouppe de Mars, tout allégorique et riche du plus heureux à-propos ; plus loin, un tableau de Révoil, d'une parfaite exécution, représentant le lion d'Androcle, léchant la main de son Esculape et de son bienfaiteur. Le cœur du héros a joui véritablement, des larmes même ont coulé de ses yeux ; il paraissait très-attendri, lorsque le citoyen Delandine, que l'enthousiasme a rendu poëte et chanteur tout-à-la-fois, a improvisé la chanson suivante, répétée par toutes les galeries.

A BONAPARTE, *couplets impromptu, chantés au dîner qui lui a été donné à Lyon, le* 10 *messidor.*

GUERRIERS, quoi ! ce convive aimable !
Est ce héros si redouté !
Ce BONAPARTE si vanté,
Se trouve assis à cette table !
Ah ! qu'on apporte des lauriers,
Pour couvrir son front plein de gloire,
Il sait maîtriser la Victoire,
Célébrons-le, braves guerriers.

HIER, il gagnait des batailles ;
En ce jour il soutient les arts ;
Sa main qui brise les remparts,
Lyon relève tes murailles.
Ah ! qu'on apporte, etc.

OUBLIONS cet hercule antique,
Dont les Grecs vantaient les hauts faits;
Il est éclipsé ; les Français,
Ont pour eux l'hercule *Italique.*
Ah ! qu'on apporte , etc.

CÉSAR était savant et brave.
BONAPARTE a dit comme lui :
Soldats ! *veni , vidi , vici.*
L'Appenin cesse d'être esclave.
Ah ! qu'on apporte , etc.

MÉNAGE ta noble carrière,
Pour le bonheur de nos enfans ;
Et puisse-tu , pendant cent ans,
Par la paix consoler la terre !
Ah ! qu'on apporte des lauriers,
Pour couvrir son front plein de gloire ;
Honneur au fils de la Victoire,
Célébrons-le , braves guerriers.

Le citoyen Béranger termine ce repas charmant, par des vers épiques , sur la célèbre bataille de Marengo et la reconnaissance des lyonnais , pour les bonnes dispositions du premier consul à leur égard.

A midi précis, Bonaparte sortit de Lyon, précédé et entouré d'une foule immense de la jeunesse lyonnaise à cheval, des fanfares et des bénédictions de cent mille citoyens, qui l'accompagnèrent jusqu'au faubourg de Vaize, en criant : *Vive la république ! Vive le premier consul !*

Sur Lyon et ses habitans.

L'accueil distingué que fit Bonaparte à cette intéressante ville, la venge bien des persécutions et des longues souffrances qu'elle a éprouvées. Depuis le siége que Lyon a soutenu avec tant de courage et d'opiniâtreté, contre des troupes innombrables et aguéries, on lui infligea une punition qui l'emporte en barbarie et en férocité sur la conduite d'*Attila* en Italie, lorsqu'il ravagea cette belle contrée. Les oppresseurs avaient résolu de la détruire en entier, de manière qu'il n'en restât aucun vestige. Sur la place même de *Bellecour*, ils devaient faire élever une *colonne* qui aurait à jamais attesté leur goût féroce pour la destruction ; quelques maisons, seulement, eussent resté intactes et éparses sur leur terrain, pour montrer aux races futures, que, là, une grande et importante ville avait existé. A ces jours de carnage et d'horreur, ont succédé des jours de paix et de consolation ; l'ivresse et le fanatisme politique ont fait place à la sagesse et à l'équité. Maintenant, cette ville , si recommandable par son commerce et l'industrie de ses habitans , respire dans l'espérance d'un plus doux avenir. Elle ne sera pas trompée dans son attente ; elle en a pour garans, les promesses et la loyauté du premier consul , et tout annonce que bientôt elle aura recouvert son ancienne splendeur et sa première célébrité.

Passage de Bonaparte à Dijon.

Le premier consul passa par Villefranche , Mâcon , Châlons , et fut , par-tout , reçu aux acclamations unanimes d'une foule de citoyens qui se pressaient sur son passage , et qui , quelquefois , suivaient sa voiture , dont la marche était extrêmement rapide , pendant un long espace de chemin , jusqu'à ce que leurs forces épuisées ne leur permissent pas d'aller plus loin.

A Dijon, on lui préparait les fêtes les plus brillantes ; mais , son arrivée et son départ ont été si précipités , qu'il a rendu nuls tous ces préparatifs. Il arriva dans cette ville , le 11 messidor à 8 heures du matin, et descendit chez le général Brune. Il passa en revue neuf à dix mille hommes qui étaient en ligne sur la grande route de Paris, et repartit bientôt après.

Préparatifs de fête à Auxonne.

Le premier consul était attendu le 11 à Auxonne, mais il prit une autre route pour se rendre à Paris, et rendit, comme à Dijon, nuls les préparatifs qu'on faisait pour le bien recevoir. Les dispositions de cette fête ont paru assez intéressantes pour en donner une idée au lecteur.

La porte du Jura, par laquelle le héros devait faire son entrée, aurait présenté, par sa décoration extérieure une espèce d'arc de triomphe; au-dessus du ceintre de la porte on eût lu cette inscription : *Il s'instruisit ici à forcer la victoire.* — Plus haut, une large couronne de chêne, encadrant un médaillon de six pieds de diamètre, présentant, en lettre d'or, sur un fonds bleu, cette inscription : *A Bonaparte, à son passage, au retour de la seconde conquête de l'Italie, le onze messidor an 8.* Devant la porte, un arc de triomphe, orné de guirlandes de chêne, au-dessous duquel était suspendue par

des rubans tricolors , une couronne de lauriers.,
offrant dans l'intérieur cette inscription : *Au
vainqueur de Marengo*. Enfin , en sortant
d'Auxonne , le premier consul eût lu sur la bas-
cule du pont-levis de la porte de la Côte-d'Or :.

Au repos des Français, il immole le sien.

Accident en route.

Le 12 au soir , après avoir parcouru successivement les départemens de la Côte-d'Or et de
l'Yonne , le premier consul , accompagné du chef
de brigade *Duroc* et de son escorte , arriva à
Fontainebleau. Très-près de cette ville , un accident arrivé à sa voiture , faillit causer un grand
malheur. Elle se brisa , et la chûte fit au visage
de Bonaparte une assez forte contusion , et blessa
plus grièvement son secrétaire. Il fallait voir l'empressement des habitans du lieu , pour se presser
sur les pas du premier consul ; aucun d'entr'eux
ne savait son arrivée , et il est à croire que , sans
cet accident , ils l'auraient entièrement ignorée.

Retour de Bonaparte à Paris.

Enfin, le 13 messidor, à deux heures et demie du matin, le premier consul fit son entrée dans Paris, par la barrière de *Marengo*, ci-devant des Gobelins.

La veille, les deux consuls avaient invité le conseil d'état, les deux préfets, les ministres, les généraux, l'état-major, les maires, de se rendre le lendemain, 13, à 9 heures du matin, aux Tuileries, en grand costume, pour aller en corps jusqu'à Villejuif, et présenter leurs hommages au premier consul, qui venait de se couvrir de gloire en Italie. Bonaparte, suivant son modeste usage, éluda la cérémonie de cette auguste réception, en défendant aux couriers qui le précédaient, de semer le bruit de son arrivée. il fut parfaitement obéi ; car, au moment où sa voiture entrait aux Tuileries, les deux consuls dormaient paisiblement, et tout semblait jouir de la plus grande tranquillité.

Cependant, une heure après, les consuls, instruits du retour de Bonaparte, se présentent dans son appartement ; mais, ils le trouvèrent couché, et ne purent le voir qu'à onze heures.

Ses premiers mots furent : *Citoyens, nous revoilà donc ? Hé bien ! avez-vous fait bien de l'ouvrage depuis que je vous ai quittés ?* La même réponse sortit de 20 bouches à la fois : *Pas autant que vous, général.*

Il parla environ trois quarts d'heures de sa campagne, de la conduite des troupes françaises, de celle de l'armée autrichienne, des dispositions de l'Italie à l'égard de la France, des circonstances qui font espérer la paix ; et son langage ne se ressentait, ni de sa chûte, ni de ses fatigues, ni de la multitude de ses vues et de ses souvenirs.

Appercevant entre les sénateurs le général *Kellermann*, il lui adressa ces paroles : *Votre fils s'est bien distingué, il se porte bien, il est à Génes.*

Il reçut ensuite les diverses autorités constituées de Paris, et les félicitations de tous les ambassadeurs et ministres des puissances étrangères.

Il remit à madame Bonaparte des lettres du ca-

pitaine des guides, Beauharnais, et lui dit : *Ma-*
dame, votre fils marche rapidement à la
postérité ; il s'est couvert de gloire dans
toutes les affaires que nous avons eues en
Italie. Il deviendra l'un des plus grands ca-
pitaines de l'Europe.

Il fit au consul Lebrun des éloges de son fils,
qui s'était distingué à l'affaire de Marengo. Il
rappela sur-tout le moment où il reçut dans ses
bras le brave *Desaix* expirant.

Bonaparte, ayant trompé tous les calculs, s'é-
tant dérobé constamment aux transports de l'allégresse publique, n'a pu, cependant, empêcher qu'elle ne se manifestât le soir par une illumination générale. Le héros de Marengo avait
trop bien mérité de la patrie et des français, pour
être maître de les contenir dans une froide indif-
férence.

Notice sur le général Desaix.

Desaix naquit au mois d'oût 1768, dans le
département du Puy-de-Dôme, à peu de distance de Riom. Ses parens étaient nés nobles,
et voués depuis plusieurs générations au service
militaire; son berceau fut par conséquent entouré de tous les préjugés et des idées de su-
périorité, dont l'orgueil et la flatterie cherchaient
presque toujours à ennivrer l'esprit des enfans
qui appartenaient à des classes privilégiées;
mais son heureux naturel et la raison, le mirent
dans la suite, à l'abri des séductions de la
vanité. On le vit à l'école militaire d'Efiat, où
il fut élevé, s'attirer l'amitié de ses condisciples,
par toutes les qualités aimables qui distinguent
un bon cœur, et par la douce familiarité dans
laquelle il vivait avec tous indistinctement. Tous
fesaient de lui cet éloge simple, mais bien
expressif dans la bouche des enfans: *c'est un
bon camarade*; comme depuis, les soldats qu'il
commandait, disaient, en parlant de lui,
avec effusion de sentiment: *c'est un brave
homme....*

Il avait l'ame trop élevée pour suivre la
route commune dans la carrière où le sort l'avait

placé. Excité par cette espèce d'instinct qui donne au génie l'activité dont il a besoin pour se développer, il éprouvait le désir de s'instruire, avant même de pouvoir en calculer les avantages. Desaix sût donc mettre à profit les leçons de ses maitres et cultiver les heureuses dispositions de son esprit, dans un tems où l'instruction était presqu'aussi rare qu'inutile, parmi les hommes de sa classe, parce que la naissance et les richesses tenaient lieu de tout aux uns, et que les autres étaient condamnés à vivre dans les rangs obscurs d'officiers subalternes, ou végéter dans leurs fiefs, où ils devenaient le fléau de leurs vassaux.

Quoiqu'il se livrât avec beaucoup d'application à tous les genres d'études qui pouvaient le mettre à même de se distinguer dans l'art militaire auquel il était destiné, il n'y en avait point qui eût pour lui tant d'attraits que l'étude de l'histoire des républiques de la Grèce et de Rome. Son esprit s'échauffait à la lecture des hauts faits et des traits de vertu qui avaient illustré tant de grands hommes, dont ces républiques avaient à s'honorer. Egalement pénétré d'admiration pour le vainqueur d'Annibal, et pour le vainqueur des Perses à Marathon, il formait le vœu, plutôt qu'il n'osait se flatter d'être un jour à même de marcher sur les traces de ces héros. Son ame généreuse se repaissait du noble désir de pouvoir imiter les vertus d'Aristide, et le courageux dévouement de Léonidas; comme s'il eût eu dès lors le funeste pressentiment, qui depuis s'est réalisé; il s'attendrissait sur la mort prématurée d'*Epaminondas*, dont il devait un jour nous rappeler la triste; mais glorieuse destinée.

Telle était la disposition de l'esprit et du cœur de Desaix, sous-lieutenant au régiment d'infanterie, ci-devant Brétagne, lorsque l'heure de la liberté sonna pour les français, et leur ouvrit à tous la carrière de la gloire, en leur ouvrant celle des emplois auxquels leurs talens et leurs vertus leur donnaient droit de prétendre. Cette révolution lui offrait trop de moyens de réaliser les idées libérales dont il s'était nourri, pour qu'il n'en fût pas le partisan, et il avait trop de lumières et de philosophie pour ne pas en adopter tous les principes. Aussi résista-t-il aux séductions, aux menaces et jusqu'aux railleries insultantes qu'on employa pour le déterminer à déserter sa patrie.

Il a combattu uniquement pour la gloire du

nom français. Il ignorait jusqu'aux dénominations de ces époques trop multipliées de la révolution, dont se glorifiait chaque parti; il connaissait en revanche tous les champs de bataille, toutes les belles manœuvres, tous les actes d'héroïsme qui illustrèrent les premières années de la république.

Il entra en campagne, avec son régiment, en 1792. Son zèle et son activité le firent bientôt distinguer par les généraux Victor Broglie et Custines, qui l'employèrent successivement comme aide-de-camp et capitaine-adjoint à l'état-major; mais il déploya tant de talens et de bravoure dans diverses circonstances malheureuses, où sa présence d'esprit et ses conseils arrêtèrent les suites des revers que l'armée avait éprouvés, notamment à la prise des lignes de Weissembourg que les représentans du peuple, alors en mission, n'hésitèrent pas à lui confier le grade de général de brigade. Il justifia pleinement le choix dont il avait été l'objet.

Dans toutes les occasions où il fût chargé de diriger une attaque ou de défendre un poste, il eût l'avantage sur l'ennemi. Ce furent ses succès qui commencèrent à relever le moral des troupes, après les défaites qu'elles avaient éprouvées dans les départemens du Rhin. Il leur donnait sur-tout l'exemple de la constance et de la bravoure: blessé à l'affaire de Lautterbourg, d'une balle qui lui avoit percé les deux joues, il ne quitta point le champ de bataille et ne voulut se faire panser qu'après avoir rallié les bataillons qui étaient en désordre. Aussi les soldats français et autrichiens lui donnèrent le surnom de *guerrier sans peur et sans reproche.*

Cependant malgré ses vertus et ses succès, dans ces tems de délire, où le mérite était un titre de proscription, le comité de salut public avait ordonné deux fois sa destitution; mais le général qui commandait alors en chef l'armée du Rhin, s'y était constamment refusé, et Desaix l'avait même ignoré jusqu'au moment où, couvert des lauriers qu'il avait acquis au déblocus de Landau, il eût la satisfaction de voir l'armée entière s'opposer à l'exécution d'un troisième ordre de destitution, apporté par un représentant qui eût le bon esprit de céder au vœu des soldats qui demandaient à grands cris qu'on leur laissât le général qui les menait toujours à la victoire.

Les motifs de son dévouement étaient trop purs pour que cette injustice, non plus que les mauvais traitemens qu'on lui fesait éprouver dans la personne de sa tendre mère, dont il avait vainement demandé la liberté, diminuât son zèle pour le service de la patrie et pour l'honneur du nom français. Il eut toujours la plus grande part aux actions d'éclat qui honorèrent les armes de la République sur le Rhin, pendant le cours de l'an 2 et de l'an 3.

Il fut enfin nommé Général de division, et quoiqu'il l'eût bien mérité, il le dût principalement à Moreau, juste apréciateur du mérite militaire, qui ayant pris le commandement en chef de l'armée de Rhin et Moselle, le chargea d'en commander l'aîle gauche.

L'histoire dira la marche glorieuse de cette armée pendant la campagne brillante de l'an 4. Elle avait envahi le Brisgaw, la Souabe, la Bavière, et s'était avancée jusques dans le haut Palatinat, lorsque forcée par des circonstances qui lui étaient étrangères, à se replier des bords du Danube jusques sur les bords du Rhin, elle le fit avec une lenteur savante et fière qui rendait sa retraite encore plus honorable que ses triomphes. Desaix, qui avait eu une si grande part à ces victoires, fut un de ceux qui en eurent le plus à cette savante opération militaire, l'une des plus brillantes et des plus difficiles qui aient jamais été faites.

Moreau, le modèle des hommes les plus dévoués à la patrie, ne pouvoit se consoler de la perte de la campagne, qu'en facilitant du moins les brillans exploits de l'armée d'Italie. Il confia au général Desaix la defense de Khell, dont la prise tenait à cœur au Prince Charles; et tandis qu'il retenait devant cette place la nombreuse armée de l'Archiduc, Bonaparte gagnait sur le feld maréchal Alvinzi, cette fameuse bataille d'Arcolle qui décida du sort de l'Italie, et prépara la reddition de Mantoue, qui fut bientôt suivie de la signature des préliminaires de Léoben.

Mais avant que ce premier traité suspendit les exploits de nos guerriers, l'armée de Rhin et Mozéle, sous la conduite du général Desaix, opéra ce fameux passage du Rhin, au 1er. floréal an 5, le plus hardi et le plus périlleux qui ait jamais été exécuté.

Ce fut après avoir terminé si glorieusement cette époque de la guerre, et après s'être guéri des blessures qu'il avait reçues à la dernière bataille , que Desaix profita de la suspension d'armes , pour aller en Italie , visiter les campagnes célèbres que Bonaparte venait d'illustrer d'une gloire nouvelle , et voir cet homme extraordinaire , invaincu des plus grands généraux de l'Europe. L'accueil qu'il en reçût , fut digne de tous deux. À son arrivée , Bonaparte fit mettre à l'ordre de l'armée , l'expression de sa haute estime pour le général Desaix, en ces termes :

» Le général en chef avertit l'armée » d'Italie, que le général Desaix est arrivé » de l'armée du Rhin , et qu'il va reconnaître les positions où les français se sont » immortalisés. »

Cet honorable suffrage fut suivi d'une marque de confiance plus grande encore. Le général Bonaparte désira d'associer à sa gloire le général Desaix , lorsqu'il entreprit de porter l'honneur du nom français en Égypte. A la prise de Malthe , à la bataille de Chebreriss , à celle des Pyramides, Desaix développa de si grands talens , et une si grande bravoure , que le général en chef voulut lui donner un témoignage durable , en lui faisant présent d'un poignard d'un très-beau travail , et enrichi de diamans , sur lequel était gravé : PRISE DE MALTHE ; BATAILLE DE CHEBRERISS ; BATAILLE DES PYRAMIDES.

Secondé par les généraux Friand, Davout et Béliard , il reçut l'ordre d'aller faire la conquête de la haute Égypte , où s'était réfugié Mourad-Bey , avec le reste de ses mamelucks ; il livra divers combats, à Sonaguy , à Thébes , à Sienne, à Gosseyr , et dans vingt autres endroits différens. Par-tout il fit triompher les armes de la république. Il fit plus ; il sut gagner les cœurs des habitans du pays qu'il avait soumis , qui lui donnaient le glorieux titre de *Sultan-juste*.

Mais , ce n'est pas seulement sous ce rapport si intéressant , qu'elle doit lui mériter des éloges, il s'occupa de la rendre utile aux sciences et aux arts , en procurant aux hommes éclairés qui sont chargés de reconnaître ce pays , non-seulement tout ce qui dépendait de son autorité pour rendre leur voyage le plus sûr et le plus commode possible , mais encore tous les renseignemens qu'il avait recueillis , en recherchant lui-même , en homme instruit , les ruines et les monumens intéressans qui y existent.

Tels étaient les titres du général Desaix à la

reconnaissance des français et à l'immortalité,
lorsque, rappelé de la haute Égypte par le général Kléber, il signa, par ses ordres, avec les
turcs et les anglais, un traité en vertu duquel il
s'embarqua pour revenir en Europe. A peine
notre guerrier avait-il salué la terre qui l'avait vu
naître, qu'il brûlait de rejoindre le conquérant
de l'Égypte. Combien de glorieux souvenirs devaient les rapprocher! Ils étaient entrés ensemble
dans cette île et cette ville guerrière, contre les-
quelles les forces du Croissant échouaient depuis
près de trois siècles. Ils avaient abordé ensemble
sur les rives du Nil, conquis Alexandrie et le
Caire. En quittant l'Égypte, pour revenir dans
cette contrée, où notre bonheur et sa glorieuse
destinée le ramenaient, Bonaparte se reposait du
soin de conserver à la France l'héritage des Pha-
raons et des Ptolémées, sur Kléber et Desaix.

Son attente n'a pas été trompée; sa confiance
n'a pas été vaine. Desaix a défendu les campagnes
de Thèbes. En vain, le plus redoutable des Beys
a-t-il survécu à sa défaite; en vain, a-t-il rassemblé les mamelucks fugitifs: notre héros ne lui
donne point de relâche; il brave les feux du
Tropique, et poursuit Mourad-Bey au-delà de
ces Cataractes, dont aucune armée n'avait ap-

proché depuis douze siècles. Mais, de nouveaux périls le menaçaient encore.

Desaix s'embarque en vertu d'une capitulation solennelle, et sur un navire neutre qui faisait voile pour la France. Il est porteur des sceaux du grand-visir et d'un général anglais ; et même un officier de cette nation monte sur le même bord, afin de faire respecter le traité. Cependant, à peine arrivé à Livourne, l'amiral anglais *Keith* le déclara son prisonnier, ordonna qu'on dégrée son bâtiment, qu'on lui ôte son gouvernail, l'exposant ainsi à échouer.

Cet amiral, après avoir fait mettre au Lazaret le général Desaix, a la bassesse de joindre l'insulte à la violation du droit des gens ; il lui envoie proposer *vingt sols* par jour, à lui, et à chacun des soldats français prisonniers, en ajoutant, avec une plate ironie : « *Que l'éga-* » *lité proclamée en France, voulait qu'il* » *ne fût pas mieux traité qu'eux.* »

Desaix ne répond à tant de lâcheté, que par ces mots qui rappellent les Bayard et les Du-guesclin : . . . .

»Je ne vous demande rien que de me délivrer

,, de votre présence ; faites , si vous le voulez ,
,, donner de la paille aux blessés qui sont avec
,, moi. J'ai traité avec les Mamelucs, les Turcs,
« les Andaliens, les Arabes du Grand·Désert ,
,, les Éthiopiens , les Tartares , les noirs de
,, Darfour , tous respectaient la parole qu'ils
,, avaient donnée , et ils n'insultaient pas aux
,, hommes dans le malheur. ,,

A son arrivée en France , Desaix apprend
que le premier consul est en marche pour re-
conquérir l'Italie ; dès-lors il brûle d'aller partager la gloire que ce héros ne peut manquer
d'acquérir. Le tems fixé pour sa quarantaine ,
s'écoule trop lentement à son gré : il attend
avec impatience l'ordre de se rendre à cette
armée, destinée à faire de si grandes choses ;
enfin , il le reçoit de la main du premier consul
lui-même , et il est libre de partir. Il se met
de suite en route pour Milan , où il arrive le
22 prairial. Nos braves avaient vaincu le 20 ,
à Montebello , et il regrettait de n'avoir pas pris
part à leur gloire et à leurs dangers : mais les
deux armées sont en présence , l'instant qui
doit décider du sort de l'Italie approche , et les
talens de Desaix sont trop précieux pour ne pas
être utilisés dans une circonstance si importante.

Il prend le commandement d'une des divisions de l'armée.

Déjà le soleil qui doit éclairer le triomphe des Français et la défaite des Autrichiens, a lui sur l'horison : la victoire sera brillante, mais elle doit être le prix du courage le plus opiniâtre. Le combat commence avec vivacité et se continue avec acharnement. Quatre fois les Français sont repoussés, et quatre fois, ils marchent en avant ; cependant il faut enfin fixer la victoire. Le premier consul, au milieu du feu le plus vif, en saisit l'instant favorable, ranime le moral du soldat. Aussitôt Desaix s'élance avec impétuosité au milieu des bataillons ennemis, et la réserve qu'il commande, les charge à la bayonnette. La division Boudet suit ce mouvement audacieux, et toute l'armée s'avance au pas de charge. L'action devient terrible, mais, ô douleur ! *Desaix est atteint d'une balle mortelle*, au moment même où ses efforts décident la victoire ; et ce héros dont l'Europe et l'Afrique célèbrent les exploits, a terminé une si belle carrière, en proférant ces mots : " *Allez dire au premier consul que* " *je meurs avec le regret de n'avoir pas* " *assez fait pour vivre dans la postérité.* "

Non , cet injuste présage ne sera point accompli ; la mémoire des exploits de Desaix, ne périra point, et ses dernières paroles ne feront qu'attester à la postérité que rien n'égale sa valeur et ses talens , si ce n'est sa modestie.

O généreux Desaix ! si du séjour qu'habitent les grands hommes, tu peux jouir encore des affections qui étaient l'objet de tes vœux les plus doux et de tes plus chères espérances, jouis de la gloire de tes compagnons d'armes ! Vois le sang de Rivaud , de Champeaux, de Muller , de Mainoni, couler honorablement pour la patrie ! . . . . Vois le brave Kellermann , digne fils du vainqueur du 20 septembre , culbutant l'ennemi et donnant le signal de la victoire ! Vois cette colonne intrépide de grenadiers de la garde consulaire , marchant aux ordres du général Lannes, avec les divisions Watrin et Boudet , enfoncer les derniers bataillons ennemis et charger la cavalerie que foudroie l'artillerie par Marmont ! Vois le bouillant Murat , et le vaillant Bessières chassant les débris de l'armée autrichienne jusqu'aux rives de la Bormida , et venant annoncer aux champs de Marengo , la victoire à laquelle tous les braves avaient pris une part si glorieuse !

Porte tes regards sur les bords du Lech et du Danube ; vois ce guerrier si cher aux Français , si respecté de nos ennemis, et dont tu t'honore d'être l'émule , recevoir de l'armée de réserve le signal qu'il lui avait donné , et répondre à ses victoires par des victoires nouvelles ! Jouis sur-tout de voir ton pays parvenu au plus haut dégré de gloire militaire que les nations puissent atteindre.

Que ton ame soit sensible au tribut de reconnaissance que te paient tous les Français ! par leurs soins, ton nom servira de base à cette colonne nationale qui doit offrir à la vénération des siècles , les noms des héros qui auront illustré la république. Un trophée te sera élevé dans le temple de Mars où ton ame doit se complaire , et un monument aussi durable que les rochers indestructibles sur lesquels il sera placé, conservera pour la postérité tes dépouilles mortelles , afin que rien de ce qui fut toi n'échappe à l'immortalité.

Puissent les lauriers dont nous entrelaçons

tes cyprès, réjouir ton ombre glorieuse. Qu'ils lui apprennent que ta modestie t'a trompé, que ton nom vivra dans la postérité, et que joint à celui de tous nos guerriers, il durera autant que la république française.

F I N.

TABLE DES MATIÈRES.

FIN DE LA TABLE.

De l'Imprimerie des Instructions décadaires, Recueil des lois et Guide des Notaires, rue du Mail, n°. 43.

www.ingramcontent.com/pod-product-compliance
Lightning Source LLC
Chambersburg PA
CBHW051718090426
42738CB00010B/1978